《百年巨匠》编委会

总 顾 问：蔡　武　胡振民　龚心瀚　王文章　胡占凡

顾　　问：靳尚谊　范迪安　王明明　吴为山　沈　鹏　苏士澍

　　　　　吕章申　尚长荣　蓝天野　濮存昕　傅庚辰　莫　言

　　　　　傅熹年　张锦秋　张保庆　顾明远　张伯礼　黄璐琦

　　　　　杜祥琬　齐　让　鲁　光

《百年巨匠·教育体育篇》编委会

学术指导：王学军　方惠坚　刘璐璐　李　祥　宋以庆

　　　　　张　健　陈洪捷　商金林　储朝晖（按姓氏笔画排序）

主　　任：袁小平　杨京岛

主　　编：陈　宏

编　　委：陈汝杰　李萍萍

统　　筹：裴永忠　梁　辉　董思远　杨　洋　王晓红　李逸辰

编 辑 组：蔡莉莉　曾　丹　金美辰　杨　珺　王慧雅　张栩彤

纪录片编导组：刘卫国　刘占国　刘立钢　孙秀峰　吴静姣　张建中

　　　　　　　贾　娟　高　天　郭　鹏　郭奎永（按姓氏笔画排序）

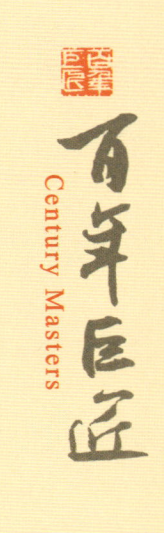

百年巨匠
Century Masters

蔡元培

陈宏 曾丹 袁媛 ◎ 编著

外文出版社
FOREIGN LANGUAGES PRESS

蔡元培／力争 作

鹧鸪天·蔡元培

玉树临风起绍兴,
莱茵吹皱老湖平。
拳拳赤子新文化,
美美百家共我鸣。

亲学子,近劳工,
登堂美育现丹青。
未名湖畔说泰斗,
人世楷模金玉成。

凯文 词

宣传巨匠推广大师 为时代树立标杆

蔡武

原文化部部长 《百年巨匠》总顾问

文化精品创作工程包括重大出版工程、影视精品工程。《百年巨匠》就是跨界融合的一个重大文化工程，它深具创意，立意高远，选题准确、全面，极富特色，内容精彩纷呈，内涵博大精深，基本涵盖了我国20世纪这一特定历史时期在文学艺术方面的成就及其代表人物。它讲述的不仅仅是各位巨匠的传奇人生，更是他们的文学艺术成就同民族、国家，同历史、文化，同当代世界，同20世纪风云激荡的年代，以及同人民的命运都是紧密相连的。他们的成就对整个社会产生了重要而深远的影响。因此，立足21世纪的当今，系统全面科学解读巨匠人生与大师艺术，有着特殊而积极的意义，是社会和时代的要求。

作为一个有影响力的文化品牌，《百年巨匠》的表现形式也是多样的。《百年巨匠》丛书和纪录片互动互补，是出版界与影视界的跨界合作与融合发展，形成了叠加影响和联动效应，进一步丰富和扩大了品牌的内涵和外延。在信息社会"四屏"时代，用这样的一种方式来表达重大深刻的主题，具有重大的创新意义，是对中华优秀文化传承发展进行创造性转化、创新性发展的成功探索。体现出强烈的历史感、时代性、民族性，具有鲜明的中国特色，必将产生深远的影响。

一个民族自立于世界民族之林，离不开民族的自信心与自尊心。而民族的自信心和自尊心有其思想基础和人文轨迹，即对民族文化的重要代表人物和优秀传统应当有比较全面的了解并进行广泛传播。一个国家的历史需要记录，文化艺术同样如此。《百年巨匠》丛书秉承文献性、真实性、生动性原则，客观还原大师原貌，以更为宏阔的历史维度对大师们所经历的时代给予不同视角的再现和解读，为读者开启一扇连接20世纪中国近现代文化艺术史的大门。

巨匠们的艺术成就、人生经历、精神高度，彰显了中华民族文化在这个时代所能达到的高度，不仅有文学艺术上和文化史上的价值，而且有人文思想美学上的划时代性贡献。《百年巨匠》可以增强我们的文化自信和实现中华民族伟大复兴的意志。

《百年巨匠》还有一个重要意义，它能够激励我们后来人砥砺奋进，勇攀高峰。这些文化艺术巨匠有着深厚的爱国情怀和强烈的民族责任感，他们将个人荣辱兴衰与国家、民族命运联系起来，用文化艺术去改变现实，实现理想。在新旧道德剧烈冲撞中，他们所表现出来的高风亮节是后来人的楷模。他们所传导出的强大正能量，会激励一代又一代广大读者，对促进我们整个民族新一代的教育与成长，有着非常重要的启迪意义。他们的精神是引领和鼓舞我们再出发的航标与风帆。

《百年巨匠》也给了我们很多的启示，可以帮助我们回答和破解"钱学森之问"。20世纪产生了那么多的大师，新世纪、新时期我们应该如何助推产生出新的大师？这些巨匠的成长轨迹给我们揭示了大师们成长的规律,如要深具家国情怀,要胸怀高远理想;要深深扎根于人民,与人民同呼吸共命运;既继承民族优秀传统文化,又要勇于创新;并以非常包容的心态去拥抱一切文明成果等。

《百年巨匠》仅反映了20世纪百年的文化形态和人文生态,我们应该把这个事业延续下去,面向21世纪。对艺术大师的发掘是通过他们的作品来体现的,而他们的作品既是中华文化的传承,又进一步丰富、创新了中华文化的构成。从这个意义上讲,宣传这些艺术巨匠就是弘扬中华文化。这些艺术巨匠作为中国名片,拥有较强的国际影响力,这一工程的推进,可以有效推动中华文化和中国出版走出去。不仅仅局限于艺术领域,还可以从广度上、外延上扩大至整个文化领域,甚至把科技、教育等领域的巨匠们也挖掘展示出来。

一个国家文化事业的繁荣与发展,既需要广大艺术家的努力,也需要大师巨匠的引领。宣传巨匠,推广大师,为时代树立标杆,无疑是我们责无旁贷的历史责任。巨匠之所以是巨匠,大师之所以能成为大师,是因为他们以具有强烈时代感和创新精神的作品站在了巅峰。而他们巨作的背后,是令人钦佩的工匠精神,这种工匠精神的发掘和弘扬在当下具有重要的现实意义。同时,这百年的文学艺术史已有的众多成果,从学术上也要系统总结。而长期以来一直困扰我们的一大难题,就是如何把这些重要的学术研究成果进行转化和再创造,使之成为可被大众接受、雅俗共赏的精品佳作。从这个意义上讲,《百年巨匠》丛书的出版也是非常值得赞许的。

当前,我们的文化艺术事业虽然取得了长足的进步,但是相对于时代的重任，人民的厚望，尚有作品趋势跟风、原创性匮乏、模仿严重等问题，希冀大家在《百年巨匠》作品中得到更多的启迪和感悟。

我们国家正处在重要的历史时期，为我们文艺创作提供了丰沃的土壤和广阔的空间。中华民族的伟大复兴，呼唤一切有为的文艺工作者，为繁荣中国特色社会主义文化、建设社会主义文化强国，奉献毕生的才华和创作热情，将高度的社会责任感和历史使命感化作文艺创作的巨大动力，创作出无愧于时代、无愧于祖国和人民的优秀文艺作品，让我们这个时代的文艺创作异彩纷呈，光耀世界。

弦歌不辍 薪火相传

——《百年巨匠·教育体育篇》丛书序

袁小平

中国教育电视台台长
中国广播电视社会组织联合会副会长

如果说文明是一条奔流不息的大河，那么教育就是文明的河床。国人对教育的重视与五千年文明史相伴始终，从春秋时期的诸子百家到顾炎武、王夫之等近代学者，教育先贤们构筑起中国古代独具特色的思想教育体系，在一次次选择和传承中，对社会和文化发展产生了深远影响。

教育不仅在选择和传递文化，同时也在创造和更新文化。近代以来，中国的教育家群体一直面临两个不容回避的问题：一是如何适应世界教育发展趋势，服务于"教育救国"需要，建立近代意义上的教育体系；二是如何保持教育的民族性，建立中国化的现代教育体系。

面对时代赋予的重任，蔡元培、张伯苓、陶行知、蒋南翔、吴玉章、马约翰、叶圣陶等教育大家各抒己见，创造出中国近现代教育一个百家争鸣的开端：蔡元培的"思想自由、兼容并包"、张伯苓的"允公允能，日新月异"、陶行知的"生活即教育，教育即生活"、黄炎培的"大职业教育主义"、蒋南翔的"为祖国健康工作五十年"……

这些主张有的直指"读书只为考取功名"的传统功利思想，有的努力破除知识只被少数人掌握的藩篱，有的激励救国热情，有的深刻影响着中国体育教育发展……他们在国家蒙辱、人民蒙难、文明蒙尘的至暗时刻，写下中国教育由传统向现代转型的开篇，照亮了中国教育的前行方向。时至今日，我们仍能看见这些教育思想流淌在小学、中学、大学的课堂内外，流淌在办学模式、管理体制、保障机制等方方面面，流淌在国人对教育的美好愿景中，为建设高质量教育体系、发展素质教育、促进教育公平输送着源源不断的灵感。

世界正面临百年未有之大变局。当我们又一次站在历史的十字路口，新时代新征程的使命任务促使我们去思考，培养什么人、怎样培养人、为谁培养人。而对于每一个关心教育领域、渴望获得教育亦或躬耕教育事业的人，教育先贤们简单的一句话，或是简短的一个故事，都可能成为我们与历史和时代共鸣的契机。

社会变迁、文明转型带来了日新月异的变化，也给教育带来了更大挑战。即使是在今天，中国已经建成了世界上规模最大的教育体系，也不得不承认仍有许多问题需要去回答、去实践。正因为如此，回望来路才显得格外富有意义。

诚然，世界上没有可以奉为圭臬的金科玉律，丰富的教育遗产也需要客观评估，取其精华，创造性地继承和使用。但可以肯定的是，蔡元培、张伯苓、蒋南翔、吴玉章、陶行知等教育先贤们的精神和他们把个人教育理想融入民族历史进程的实践，足以激励后来者不断向前，以无限智慧和勇气直面今天教育发展中的诸多问题。

投身教育事业的人众多，为何他们能称为巨匠？不仅在于他们在教育现代化转型中拓荒先行，也不仅在于他们的教育思想仍然熠熠生辉，还在于他们身上"心有家国情怀、肩挑国家责任"的教育风范仍然山高水长。

为深入贯彻落实习近平总书记关于教育家精神的重要讲话精神，中国教育电视台联合中国文学艺术界联合会、中国文学艺术基金会、百年巨匠（北京）文化传播有限公司，策划制作了弘扬教育家精神的大型人物传记纪录片《百年巨匠·教育体育篇》。该片于2024年全国两会期间，从3月4日起在中国教育电视台晚间黄金时段重点播出，其后陆续在学习强国、中央广播电视总台等主流媒体播出。

纪录片《百年巨匠·教育体育篇》，讲述蔡元培、陶行知、黄炎培、吴玉章、叶圣陶、马约翰、蒋南翔、董守义等著名教育家（含体育教育家）的生平事迹、教育活动、教育思想、教育贡献、历史影响，以及对今天的启示，展示他们"学为人师，行为世范"的教育情操和人格魅力，讴歌他们教育救国、教育强国的家国情怀和理想信念。

本着对先辈的敬重和对历史的尊重，摄制组在拍摄之初就提出了"见人、见事、见物"的创作理念。制作团队走访了世界各地与纪录片《百年巨匠·教育体育篇》中人物有关的众多红色遗址、旧址及纪念设施，深入拍摄名师巨匠的故居、纪念馆，还专程拜访了相关的历史专家、研究员、亲历者，以及大师们的亲属和后人，通过实地走访与口述历史等方式，挖掘出大量具有生活温度、情感浓度以及思想深度的史料细节,并通过多种渠道拍摄、收集和整理了大量的文献资料、遗物、遗存。很多首度揭秘的珍贵历史档案,不仅让观众知晓了许多此前不为人知的历史细节,这些不为人知的幕后付出,也让这段历史故事不再只是一堆冷冰冰的资料,而是有了超越文学书籍和虚构影视作品的感染力与震撼力。由马约翰先生的夫人亲手缝制的西南联大唯一的一面校旗,仍然珍藏在西南联大博物馆中,诉说着中国高等教育史上西南联大八年扎根边疆、学术报国的历史往事。

与目前反映教育家的多数作品不同的是,纪录片《百年巨匠·教育体育篇》注重讴歌对新中国高等教育作出重大探索和重要贡献的红色教育家,如吴玉章、蒋南翔等。第九届全国人大常委会副委员长彭珮云同志,在接受节目组采访时深情回忆:"1953年,清华大学实施由蒋南翔先生提出建立的政治辅导员制度,并选出了25人担任政治辅导员。他们和学生同吃、同住、同学习,负责班级的日常思想政治工作和党团组织建设工作,这样既有利于密切联系学生,深入开展思想政治工作,引导学生努力做到'又红又专',又为国家培养和输送了一批'又红又专'双肩挑的干部,南翔同志曾对他们说,年轻的时候做些思想政治工作,学些马列主义理论,将对终身有益。"曾任全国政协副主席的郝建秀曾回忆道:"吴玉章校长给了我很多指导和帮助,他把我邀请到家中,专门做了重点辅导。"很多年后,当郝建秀一步步走上纺织工业部副部长、国家计划委员会副主任、全国政协副主席的岗位,这一段火热的求学时光无疑为一名年轻的纺织女工成长为共和国纺织工业的领导者铸造了坚实的教育之基。

教育乃"国之大者"。中国教育电视台作为唯一的国家级专业教育传媒平台，作为中国式现代化历史进程和中华民族现代文明建设的记录者、传承者、弘扬者，肩负着提高国民教育文化素质、促进广大青少年健康成长的使命。我们希望与其他合作机构一起让《百年巨匠·教育体育篇》能够成为一扇窗口，以有限的文字与影像，尽最大努力向世人展示教育大家们丰富的精神思想遗产。

故结此集，与读者共享共思。

重塑巨匠形象 重温巨匠精神

——《百年巨匠·教育体育篇》丛书出版说明

陈宏

《百年巨匠·教育体育篇》总编导

《百年巨匠·教育体育篇》丛书根据同名人物传记类纪录片拓展编著而成，目前正式推出关于蔡元培、陶行知、黄炎培、吴玉章、叶圣陶、马约翰、蒋南翔、张伯苓、董守义九位著名教育家（含体育教育家）的作品，讲述他们的生平事迹、教育活动、教育思想、教育贡献、历史影响以及对今天的启示，展示他们"学为人师，行为世范"的教育情操和人格魅力，讴歌他们教育救国、教育强国的家国情怀和理想信念。

一、背景意义

教育乃"国之大者"。教育在国家富强、民族振兴和社会发展中具有基础性地位；师者乃人类灵魂之工程师，承载着传播知识、播种文明和培根铸魂、塑造新人之时代重任。回望过去的一百年，特别是上个世纪的上半叶，教育在改造社会、教师在重塑国民的伟大社会革命实践中发挥了基础性和先导性作用。习近平总书记曾指出，教师是人类历史上最古老的职业之一，也是最伟大、最神圣的职业之一。在古代，孔子被推崇为"大成至圣先师"，被誉为"万世师表"。在中华民族文明发展史上，特别是在近现代百年来中国教育事业发展的历史进程中，英雄辈出，大师荟萃，涌现出许许多多辛勤耕耘、涉猎广博、造诣精深的"大师级"教育家，不同程度地推动了中国社会历史的发展。随着岁月的流逝，如何将他们的教育实践、教育思想、教育成果、大师精神保存和传承下去，构建系统丰富的中国教育名家大师的教育人生档案和思想精神宝库，并使之成为滋养广大青少年的精神文化财富，是一项具有重要意义的文化教育工程。鉴于此，中国文学艺术界联合会、中国文学艺术基金会、中国教育电视台与百年巨匠（北京）文化传播有限公司携手联合相关单位及机构，勇担历史赋予的责任和使命，组织教育领域和影视领域相关专家学者，站在继承和丰富中国传统教育文化的历史高度，汲取国际先进教育理念，共同策划制作播出了大型教育（含体育教育）题材人物传记类纪录片《百年巨匠·教育体育篇》，获得了中国电视金鹰奖等十余个奖项，在社会上引起广泛反响。重塑大师形象，重温大师精神。这套丛书就是基于该部大型系列纪录片的基本视角、基本结构、基本内容、基本理念，从百年巨匠的维度，用习近平新时代中国特色社会主义思想以及习近平总书记关于教育的重要讲话精神为指导来解读中国著名教育家（含体育教育家）的人物传记作品。

高山仰止，金鉴万代。用纪实美学的方式编著在教育界有重大影响、有卓越成就的名家大师，激活、唤醒、重塑他们的人文情怀、爱国精神和理想信念，具有重要的历史文献价值和社会时代价值。这是中国教育事业发展变迁的历史见证，是无数教育人智慧与汗水的结晶,是给后辈留下的珍贵遗产,也是展示国家民族文明进步的窗口。这些资源可以为校园思想政治教育提供珍贵的教材教案,可以为新时代造就有品德、有品格、有品位的"大先生"提供宝贵借鉴,可以为培养中华民族伟大复兴栋梁之材提供精神滋养。

二、编著原则

总的来说,《百年巨匠·教育体育篇》丛书脱胎于大型系列纪录片《百年巨匠》,因此,这套丛书首要处理好承继性。电视纪录片《百年巨匠》及其各系列同名书籍由若干篇章构成,像建筑篇、艺术篇、音乐篇等等,这些作品在出品方的要求下,已经形成了统一的风格样式,因此本系列丛书在大的纪实风格样式上不去打破。其次是要坚持创新性。有继承,也应有创新。不同系列作品一波又一波的主创团队在尊重《百年巨匠》基本风格样式的基础上,又不同程度地加入了自己的创见。而且《百年巨匠》创作已逾十年,过去的十年和新的征程,既有历史的连续性,又有新的时代特征,创作者理应紧密把握时代发展大势和教育发展趋势,创作出回应时代关切的作品来。本系列的创新主要体现在"致广大而尽精微":视野更加深远辽阔,观照中国历史和人类世界的教育大师和教育思想;谱写更加精准细腻,在教育强国、科技强国、数字中国、职业教育等领域发挥人物传记讲好中国故事、传播好中国声音的独特价值,使《百年巨匠》品质达到新高度。

具体来说遵循以下原则:

一是教育视角。丛书讲述的教育家(含体育教育家),他们大多具有多重身份，但这里主要讲述其教育身份的这一面，侧重从教育角度讲述他们的教育历程、教育理念和教育贡献，并从中勾勒出鲜明的性格特征，凸显其卓越的人格魅力、崇高的精神情操及深沉的家国情怀。对其教育身份产生重要影响的其他事迹也稍有涉及。

二是当代视角。任何历史都是当代史。充分运用最新前沿研究成果，挖掘和披露新的史料，用当代视角解读诠释这些教育家，力争在一定程度上填补历史空白，努力使该书对当下教育有启发；建立与当下生活的连接，注重引发年轻人的共情，用他们的教育情怀和精神情操引领、滋养今天的教育工作者和广大青少年学生。

三是准确权威。因为是在为国家民族巨匠画像，作品中的史料、提法、评述力求准确，经得起当下的和历史的检验。对转述其他专家评价，包括采访其亲属和身边工作人员的提法也力求翔实，避免对大师过分拔高，在定性表述上谨慎用词，并对别的文献中使用过的"之父、奠基者、开创者、唯一"提法，慎之又慎，多方考证再用。

三、创作风格

丛书采用人物传记体，进行具有创新性的纪实美学表达。每册统一体例，内容包括引子和主体故事，其中主体故事由若干小故事构成，形成有张力、有冲突、有温度、有思想韵味的人物传记。

将大师的个体人物历史融进国家史、民族史、教育史中，紧密联系当时的历史背景和时代特征，讲好家教与中国传统文化、传统教育以及国际教育理念的关系，增加文本的底蕴与厚度，着力表现他们在波澜壮阔的历史潮流中，献身于国家与民族的伟大情怀和创造精神。

聚焦大师人生历程的几个转折点，通过故事化、传奇性的叙述展现人物跌宕起伏的命运史诗。人物创作如果把握不好很容易沦为生平事迹的流水账式介绍，类似人物的"日记体"、年谱，同时，也不能变成艰深晦涩的学术罗列。要讲好故事，必须挖掘其人生历程中的人物命运感，凸显其悬念、冲突、戏剧性。当然，只讲故事不带出理念，也会使作品失去高度和特色。本书努力将理念寓于故事中，并使其成为推动故事进展的内在逻辑力量。

用艺术展示学术。坚持"用形象演绎逻辑、用艺术展示学术、用故事阐释言论、用客观表达主观"的原则，努力把隐形化、基因化、碎片化的学术观点、历史资料变成具象化、故事化的表达。以润物细无声的方式，将学术观点渗透到大量史料和感人的故事中，做到艺术性和学术性的有机统一：无生搬硬套之嫌，有水到渠成之妙。

人物生活化。改变对大师"高大全"形象的塑造，而是再现一个更加人性化、生活化的有血有肉的大师形象。力求将大师伟大的人格与细腻的情感统一在故事中，用以小见大、由近及远的表现形式梳理人生，展现大师的教育实践、人格魅力，让大师的故事更加贴近生活、贴近历史，在波澜壮阔的历史洪流中彰显大师的家国情怀与教育贡献，努力追求作品既反映历史真相又记录时代进程，使其具有较强的文献传承性、历史厚重感和时代感召力。

特别要说明的是，研究这九位大师的九位著名学者，他们既是同名纪录片的学术撰稿人，也是本系列丛书的学术指导。他们以专业的学术见地和学术态度为丛书贡献了甚至毕生的研究成果，其中中国教育科学研究院的储朝晖研究员作为本系列丛书学术专家的组织协调者付出了更多心血；同名纪录片的编导主创团队也为本书提供了大量一手采访素材，包括收集到的多种文献资料；九位大师的家人、亲友、同事、学生等，深情讲述了他们的故事，也为本书提供了若干史料。是大家共同谱写了九位大师的人生故事，共同奏响了九位大师的命运交响曲，在此一并表达谢意！还要感谢外文出版社的大力支持，感谢胡开敏社长的热情指导，感谢蔡莉莉主任高度的责任感和辛勤付出，使本系列丛书得以顺利付梓！

目　录

引　子 / 1
第一章　求学之旅 / 7
第二章　梦中惊醒 / 15
第三章　创立中西学堂 / 21
第四章　兴学风雨路 / 29
第五章　德国留学 / 41
第六章　民国第一任教育总长 / 51
第七章　法国留学教育 / 61
第八章　赴任北大 / 71
第九章　教育革新 / 77
第十章　以美育代宗教 / 93
第十一章　学术争鸣，百花齐放 / 105
第十二章　五四运动 / 123
第十三章　教育平等 / 139
第十四章　环球教育考察 / 153

第十五章　告别北大　　　　　　　　　　　/ 163
第十六章　大学院制的失与得　　　　　　　/ 171
第十七章　美育之"声"　　　　　　　　　 / 183
第十八章　技近乎道　　　　　　　　　　　/ 195
第十九章　"闳约深美"　　　　　　　　　 / 209
第二十章　巨匠永恒　　　　　　　　　　　/ 227

参考书目　　　　　　　　　　　　　　　　/ 238
编导手记　　　　　　　　　　　　　　　　/ 239

百年巨匠 蔡元培 Century Masters Cai Yuanpei

引子

蔡元培（1868—1940）

引子

2023年，4月2日星期天，在香港北角拥挤且嘈杂的英皇道380号矗立着一栋28层的商业写字楼，一群特别的客人从世界各地陆续赶到此处。上了年纪的保安熟练地问来访客人去哪里，是否预约。

当客人们回答要去7层时，老保安立刻懂了："哦！去北大校友会啊！"然后他边说边引导客人进电梯，当客人走出电梯的瞬间，"北京大学香港校友会"几个大字直冲眼帘。从左侧玻璃门朝里望去，可见上书一匾"北大人之家"。

这群特别的客人，他们来自五湖四海，年龄各异，有着不同的职业，却有一个共同的身份——北大学子。他们此行有一个共同的目的，就是感恩纪念他们"永远的校长"蔡元培先生。

香港仔华人永远坟场位于香港南区，是早期进出香港的重要码头。每逢清明时节，北京大学在世界各地的毕业生，都会自发来到这个墓园，纪念他们心目中最尊敬的校长。

每年的这个时候，也是北京大学香港校友会会长刘祖繁最忙碌的时候。2023年是蔡元培先生155周年诞辰，北京大学建校125周年。北京大学香港校友会、香港北大助学基金会组织在港校友为蔡元培校长扫墓。

自新冠疫情以来，蔡元培先生的纪念活动被阻三年，这次活动也成为疫情之后第一次大规模怀念蔡元培校长的活动，第一次向全球的北大校友进行线上的全程直播。

刘祖繁说，我们纪念怀念蔡元培先生，不仅仅是因为他是北京大学校长，还有他所带来的引领和开创性的变化，我们表示崇高的敬意，而且我觉得我们在100年历史里跨越了100年的山海，他当时所展现的思想，所展现的眼界、格局，以及勇气，对于我们中国，依然有巨大的启发意义，依然值得我们纪念。

4月2日上午10时，祭拜蔡元培校长纪念活动在香港仔华人永远坟场举行，来自教育、文化、艺术、金融、新闻等领域的近60名校友出席活动。校友们手持鲜花，庄严肃穆，集体默哀三分钟。随后，他们将手中的鲜花轻轻地放在蔡校长的墓前，鞠躬致意，表达深切的缅怀之情。

一周后，北京大学蔡元培研究会会长、蔡元培先生的孙女蔡磊砢女士回到了爷爷出生的地方，参加一个意义重大的活动。

4月15日，经过两年多的设计和建造，浙江省绍兴市的孑民图书馆正式开馆，孑民图书馆是一个以蔡元培为主题的名人纪念馆，主要展示蔡先生的生平经历和思想，以及他对中国近代教育、科学、文化事业所作出的突出贡献。

孑民图书馆由蔡磊砢和专业设计团队一起合作完成，蔡磊砢在开馆致辞中深情地说道："记得第一次来绍兴是二十几年前的事情，至今我依旧记得第一次走进故居，第一次徜徉在笔飞弄的小巷里，第一次见到祖父寄宿的笔飞坊和稽山桥，第一次参观古越藏书楼、大通学堂的情景。这里是我祖父蔡元培先生的出生地，他进翰林院任编修之职之前，在这里度过了重要的求学时光。他早年思想的形成也与绍兴有着密不可分的关系。戊戌变法失败后，他立志教育救国。辞职，回归故里。在绍郡中西学堂任校长，这是祖父服务于新式教育的开始……绍兴也是他早期革命活动的中心，他在绍兴留下了无数的足迹。我渴望探寻他的足迹,甚至想象自己是否能够在这里与祖父不期而遇,聆听他的教诲。"

此时,与孑民图书馆一壁之隔的蔡元培故居,还保留着 150 年前蔡先生居住时的样子。图书馆的一面围墙上,还印刻着蔡元培题写的七言绝句。在蔡磊砢看来,祖父眷恋故乡的深情,都在此诗中。

> 故乡尽有好湖山,八载常萦魂梦间。
> 最美卧游若有术,十篇妙绘若循环。

百年巨匠 Century Masters 蔡元培 Cai Yuanpei

第一章 求学之旅

浙江绍兴的山阴县北临杭州湾，南倚会稽山，是四季分明、风景秀美的灵杰之地。它始于秦朝设县，在秦朝推行的大一统的郡县制中，隶属会稽郡的26县之一。这座千年历史古城，沉淀着深厚的人文底蕴，孕育了无数名流大家。

　　1868年1月11日，蔡元培出生在山阴县的一个经商世家里，蔡氏家族祖居浙江诸暨陈蔡乡，明朝隆庆万历年间迁至绍兴山阴定居，蔡元培的祖父一辈，已是世居绍兴的第六代人。祖父蔡廷桢（又名嘉谟，字佳木），早年在典当商行当学徒，后来升为经理，他在县城笔飞弄买下一处宅院，与子孙们住在一起。家里共有七个孩子，长子蔡宝煜（又名光普，字耀山），便是蔡元培的父亲，蔡元培就成长在这个人丁兴旺、三世同堂的大家族中。

　　父亲蔡宝煜是钱庄的掌柜，为人宽厚，母亲周氏贤能勤俭。蔡元培有同胞兄弟姐妹七人，他是家中的第四个孩子，天性祥静平和，乳名阿培。

　　有一次，家中女佣带阿培几兄弟下楼玩耍，楼梯又高又陡，女佣先抱堂兄下楼，留阿培在楼梯口等候，谁知女佣抱堂兄下楼后遇到了其他事，她在忙碌中竟然忘记了阿培。小阿培不哭不叫，乖乖地端坐在楼梯口静静地等候，直到被家人发现。

　　蔡元培6岁入家塾，到11岁之前，在家里接受了启蒙教育。按照兄弟辈的排名，小阿培正式定下学名为元培，家中唯一从文的六叔

蔡元培故居　　　　　　　　　　少年时期的蔡元培

蔡宝炯（又名铭恩，字铭山）为他取字鹤卿。

　　蔡元培的第一个老师姓周，这位周老师是一名饱学之士，蔡元培跟着他学习《百家姓》《千字文》和《神童诗》等读物，还有四书五经等国学经典。周先生采用中国传统的教育方式，要求学生反复诵读，达到读书百遍其义自见的目的。蔡元培天资聪慧，逐渐从枯燥的学习中感受到知识的魅力，找到了学习的乐趣，日益沉醉在知识的世界里。一天傍晚，蔡元培正在家中楼上读书，结果宅内突然失火，让全家惊慌不已，他们急忙呼喊蔡元培下楼，可蔡元培竟然一头扎进书堆里，对身边发生的事浑然不觉，更没有听到家人们的急切呼唤。

　　到了夏天，蔡元培读书时常把脚放在酒缸里，来躲避蚊虫的叮咬。母亲周氏经常陪他一起读书，蔡元培每每遇到难题，苦思不得解，母亲就告诉他熬夜不如早起。他听母亲的话，第二天一早起来，总会有不一样的思路，解决了不少难题，这个习惯陪伴了他一生。

　　蔡元培的六叔蔡铭恩擅治诗古文辞，有不少藏书。蔡元培十余岁时,就在六叔的教导下,翻阅了《史记》《汉书》《困学纪闻》《文史通义》《说文通训定声》等书。

父亲蔡宝煜为人宽厚优容,家中人以"爱无差等"称之。蔡宝煜时常周济朋友,掌管钱庄时有贷必应,对拖欠者也常常不忍索还,朋友都称赞他"持己接人,都要到极好处",父亲的品行对蔡元培影响很大。到了蔡元培11岁时,蔡家发生了巨大变故,父亲因病去世,家里的经济状况急转直下。父亲一直是家里的主心骨,他去世之后,家中不再像从前一样富裕,但母亲坚持自立,她拒绝了亲友的资助,依靠乡人们归还的欠款和变卖首饰衣物的钱,勤俭度日。

蔡元培无忧无虑的读书生活不复存在,家里也无力继续聘请家塾老师,他在亲戚的帮助下,先去了姨父范氏家塾中跟着读了一年,在12岁时,去了李申甫塾馆读书。

这位李先生教学十分严格,他注重以背书的方式来强化知识,蔡元培就曾因为背诵《易经》屡屡出错,被打过手心百余下。在这位严师的指导下,蔡元培开始学习科举考试必考的八股文。

蔡元培14岁时,转到探花桥王懋修的塾馆继续进修。王懋修以精研八股文源流而闻名,设馆授徒20余年,他崇尚宋明理学,研读各家著述,时常向学生讲述朱熹、陆九渊等人的思想,也直言不讳地表达自己的学术见解。王懋修信服明代大儒王阳明,尤其崇拜明末学者刘宗周。蔡元培在20岁以前"最崇拜宋儒",显然受到老师的思想熏染。

王懋修禁止蔡元培看"杂书",不许他看《三国演义》《战国策》,这是因为作八股文不可用四书五经以外的典故和辞藻,在蔡元培没有考中秀才之前,他的读书内容要严格符合科举的规范。蔡元培在王懋修门下求学四年,学业和思想都深受熏陶,才学精到的他在17

岁就考中了秀才。

在蔡元培的求学生涯里，母亲周氏付出了大量心血。蔡元培的四弟和幼妹早殇，两位姐姐均未出嫁便早逝，周氏的七个子女夭折了四个，只剩下了长子蔡元铃、二子蔡元培、三子蔡元坚。周氏苦心竭力地维持家里的生计，独自一人把三个儿子养大，何其艰难。除了让孩子们健康成长，她还十分重视孩子的教育，常以"自立""不依赖""不妄言"等话来勉励蔡元培三兄弟。

1886年初春，劳累了一生的母亲周氏因患胃病和肝病，不幸病故。蔡元培悲痛万分，日夜守护在母亲的棺木旁，他不顾家人的劝阻，坚持要行"寝苫枕块"的古制，这在当时习俗中纵然是迂腐的，却流露出了蔡元培对母亲的不舍和深深的爱。

不久之后，兄长蔡元铃为蔡元培订下了一桩婚事，可蔡元培认为母亲刚刚去世，此时娶妻是不孝不敬的，他便坚决地取消了婚约。蔡元培对母亲的感情深厚，对母亲所承受的生活苦难也深有感触，他在投身社会之后极力倡导女权，也多少深藏着母亲周氏对他的影响。

蔡元培在自述中提到母亲常言："每有事与人谈话，先预想彼将作何语，我宜以何语应之。既毕，又追省彼作何语，我曾作何语，有误否？以是鲜偾事。"蔡元培一生性格安然方正，平易近人，与他的家教关系极大，他曾说自己性格上的宽厚，得自父亲；不苟取，不妄言，得诸母教。

蔡元培的求学成长过程大致有三个阶段，第一阶段是十年私塾时期，蔡元培从6岁到17岁的青葱岁月都浸染在书香墨文当中。其中李申甫、王懋修等老师对他影响非常大。

第二阶段是蔡元培教书、校书的时期。蔡元培自18岁开始设馆教书，先后在绍兴城内的姚家和单家充任塾师，教授学童七人，这是蔡元培执教生涯的初始。

他开始无所拘束地读书，把六叔的藏书几乎读了个遍，除了《仪礼》《周礼》《春秋公羊传》《大戴礼记》这些经书之外，还阅读了与考据和词章相关的书籍，比如《章氏遗书》《湖海诗传》《日知录》《国朝骈体正宗》等。

在所涉猎的众多书籍中，他"最为得益""深受影响"的是朱骏声的《说文通训定声》、章学诚的《文史通义》和俞正燮的《癸巳类稿》《癸巳存稿》等几部书。

蔡元培

朱骏声、章学诚的著述在文字学和史学上对蔡元培的影响极大，而俞正燮的治学内容极为庞杂，除经史子集外，还涉及天文、医药、方言，乃至边疆问题、鸦片缘起、社会习俗，尤其对于男女不平等的社会现实也劲笔针砭。蔡元培晚年时说过，自十余岁即接触俞氏著作，"深好之，历五十年而好之如故"。他通过俞氏的著作"认识人权，认识时代"，让他的思想渐渐挣脱理学的羁绊，变得更为开放和自由。

蔡元培20岁时，开始在藏书极多的绍兴望族徐家校书。徐家喜于校书、印书，以文会友，他们聘请蔡元培来家里当陪读，同时校勘图书。蔡元培逐渐抛开八股文，改作词章考据之学，开始学作散文和骈体文。蔡元培在这里度过了四年的校书时光，博览诸书，学诣大进。

第三个阶段是蔡元培的科举时期。蔡元培踏上科举道路的引路人正是他的六叔蔡铭恩。蔡铭恩擅治诗古文辞，是蔡氏族人里读书登科的第一人。蔡元培16岁时第一次参加小考就是由六叔送入考场的，他一直对这位长辈十分恭慕和敬重。

蔡元培17岁就考中了秀才；23岁通过乡试，考中了举人；24岁时进京赶考，在会试中考取了第81名贡士，他没有立即参加同年的复试和殿试，而是在两年之后补上了后面的考试。

1892年，蔡元培补考殿试，得二甲三十四名。殿试正考官户部尚书翁同龢评价蔡元培："年少通经，文极古藻，隽材也。"蔡元培在后来的朝考中，被点为翰林院庶吉士。

1894年春，蔡元培赴京参加散馆考试。这是翰林院针对庶吉士进行甄别，以此来决定任用的一种例行考试。散馆应试之后，蔡元培被授为翰林院编修。至此，不满28岁的蔡元培已达到了科举之路的最高处，青云直上，踌躇满志。

百年巨匠
Century Masters
蔡元培 Cai Yuanpei

第二章 梦中惊醒

1894年下半年，蔡元培上京供职，开始了翰林院的京官生活。就在他少年得志的时候，中国的黄海海域发生了一件惊醒国人的大事，让他的思想受到了剧烈冲击。

日本通过明治维新走上资本主义道路，还确定了以中国为中心的"大陆政策"，准备伺机发动侵华战事。这年6月，朝鲜爆发东学党起义，作为中国藩属国的朝鲜向清政府请求出兵平乱，结果日本乘机出兵朝鲜，蓄意挑起战争。中日双方在朝鲜陷入了军事对峙的局面，战事一触即发，蔡元培持续关注事态的发展。

7月21日，李慈铭写下一首五言律诗《庭树为风雨所折叹》，蔡元培自注说"读先生悯雨歌，有感东邻兵事"。同时，他还加注说道："越南已折入佛郎西，日本又争朝鲜，藩篱尽撤，能无剥床之惧？"

7月25日，日本不宣而战，丰岛海战爆发，中日甲午战争由此拉开序幕。毫无准备的清政府仓皇应战，海陆军在海战中全被击溃，前线告急，清政府急忙调集当时装备最先进的北洋水师舰队增援。结果北洋水师的第一艘兵船刚刚出海，就被日舰击沉了。

蔡元培在致友人的书信中，表露出深切的忧虑："东邻构衅，渤海军兴，涓涓不塞，杞忧方大。"蔡元培与丁立钧、黄绍箕、沈曾桐、徐世昌等37人联名上奏，建议光绪帝"密连英、德以御倭人"。蔡元培的主战意向明显，他坚持认为"依宋、聂诸军，经数十战，渐成劲旅，杀敌致果，此其时矣"。

甲午海战

　　这场持续了近 9 个月的中日甲午战争最终以中国战败、北洋水师全军覆没告终，中国清政府在 1895 年 4 月 17 日被迫与日本签订了割让领土、赔偿巨款的《马关条约》。1861 年 1 月 11 日，爱新觉罗·奕䜣和桂良、文祥上奏《通筹夷务全局酌拟章程六条》后，清政府开始以富国强兵为目的，在全国推行洋务运动，大规模引进西方的先进科学技术，同时兴办近代化军事工业和民用企业。而中日甲午战争爆发后，北洋水师全军覆没，中国的惨败也宣示着历时 20 余年的洋务运动失败了。

　　朝中许多人士因愤恼而纷纷请假离京，蔡元培的长兄蔡元鈖也来信"劝作归计"。蔡元培也想改变闲居京城徒拥虚名而无所作为的现状，对离京之事有所动摇。他给广州的陶濬宣写了一封信，在信里说道："夏秋之间，拟重游岭表，向茶陵夫子乞广局一席。"到了这年的冬天，蔡元培向翰林院请假一年，返回了故乡。

此时的蔡元培已近而立之年，中日甲午战争的惨败，让他深感沉痛和悲愤。为了救国，他日日苦心思变，在"甲午之后，朝士竞言西学"的思潮下，他开始大量摄取新学。

1896年，蔡元培在绍兴的一年时间里，渴求新知，涉猎了大量学科广泛、内容生涩的译本书和新学著作。他还总结了自己的治学，"少酖举业，长溺文词，经诂史法，亦窥藩篱，生三十年，始知不足"，决定"迷途回车，奚翅炳烛"。此后，蔡元培的关注重心渐渐偏离旧学，对西学新学产生了浓烈的兴趣和求知欲。

1897年，影响蔡元培的又一件大事正在悄然发酵。《时务报》《国闻报》等报刊开始宣扬变法，改良的思潮逐渐兴起。康有为再次进京，他连续上书，极力主张维新变法。

粤学会、蜀学会、闽学会等在京各省人士陆续发起成立了维新团体。蔡元培已回北京复职，他表示"维新党人，吾所默许"，他虽然没有参与行动，但内心是十分支持的。

到了这年11月，山东西南部巨野县的两名德国传教士被杀，德国便以此为借口出兵强占了山东的胶州湾。12月，俄国军舰强占了旅顺口和大连湾。英、法等国也在逼迫清廷就范。面对国家受辱，蔡元培在日记中愤然写道："吾中国近二十年傍范睢远交近攻之策，甚睦于德，近又推诚于俄。不自强而恃人，开门揖盗，真无策之尤也！"

这段时间，蔡元培心情十分苦闷，他常和友人一同宴饮，喝得酩酊大醉，醉后不时说些情绪激动的言辞，来纾解心里的愤慨。蔡元培曾自述："我父亲善饮，我母亲亦能饮，我自幼不知有酒戒。到北京，京官以饮食征逐为常，尤时时醉。"

1898年6月，在光绪皇帝的支持下，以康有为、梁启超为代表的维新派发动了戊戌变法，"百日维新"拉开了帷幕，一系列革新政策浩浩荡荡地推行开来。全国开始改革政府机构，裁撤冗官，任用维新人士，鼓励私人兴办工矿企业，提倡科学文化，翻译西方书籍，传播新思想，开办新式学堂吸引人才……

维新变法深深触及以慈禧太后为首的守旧派的利益，维新运动很快受到了强烈的抵制。1898年9月21日，慈禧太后等人发动了戊戌政变，囚禁了光绪皇帝。最终，康有为、梁启超分别去了法国、日本，谭嗣同等六位维新志士被处死，声势浩大的维新变法只持续了103天，就以失败告终。

蔡元培对变法的失败感到悲愤，他深切地反思道："康党所以失败，由于不先培养革新之人才，而欲以少数人弋取政权，排斥顽旧，不能不情见势绌。"蔡元培已开始明白，改革政治必须先培养人才，教育才是培养人才的根本途径。

不久后，蔡元培的好友张元济被革职出京，诸多支持维新的朋友也纷纷离开，清朝政府没有希望，蔡元培对北京已无眷恋。同年10月，蔡元培请假离京，带着家人回到了绍兴，正式走上了教育救国之路。

百年巨匠 蔡元培 Century Masters Cai Yuanpei

第三章 创立中西学堂

《马关条约》的屈辱，维新变法的失败，让蔡元培深感国破时艰，不免悲愤交集，他也因此更加坚定了教育救国的信念。1898年，蔡元培弃庙堂而入民间，离开京城回到了绍兴，在徐树兰的推荐下，来到了中西学堂担任校长，主理教学。

　　中西学堂是徐树兰捐资并筹得了部分府衙官款后在1897年初创立的新式学堂，学堂依照学生的学习程度分为三斋，大致如今日的高小、初中、高中。所设置的课程也是中西混合，包含经学、词学、史学，还有物理、算学和外文。

　　蔡元培担任校长后，对这所维新学堂进行了从教育思想、教育理念、教育方法到教材的多项改革。首先，学堂聘请了一些与时俱进的教师，开展有维新思想的新派教育，以前的教学员，多是科举出身，思想保守。蔡元培希望启用一些懂得西方的新学识、思想先进的老师，特别是自然科学方面的老师。

　　蔡元培还聘请了外籍教师，甚至开出500大洋一学期的高薪，外语课程原本设有英语和法语，蔡元培又增设了日语。他托人延聘了日籍教师中川外雄来校任教，同时还聘请了法国、英国的教师，或是懂英文、法文和日文的教师。他甚至聘用了日本人担任体操教练，教授学生新式体操。

　　蔡元培鼓励学生阅读课外书籍，解禁《强学报》《时务报》《国闻报》及维新志士的著作，扩大师生的阅读范围。他以"究心学术，不沾沾于利禄"等作为条件，让学堂的教师编写各门课程的教科书。他极力倡导治学"当以益己、益世为宗旨"，提出士人要摆脱"应试求官之积习，而急致力于有用之学"。

蔡元培在中西学堂的一位学生后来成为北京大学的校长，他就是蒋梦麟。蒋梦麟对当时的学习经历记忆犹新，他在《试为蔡先生写一篇简照》一文中回忆道："记得我第一次受先生的课，是反切学。帮、旁、茫、当、汤、堂、囊之类。先生说，你们读书先要识字。这是查字典应该知道的反切。"

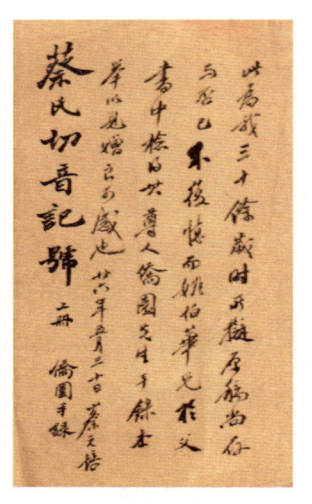

蔡元培编写的识字教材《蔡氏切音记号》

蒋梦麟是蔡元培回到家乡开办学堂的第一批学生，他亦从此追随蔡元培，从家乡去往上海，后来成为北大历史上任期最长的校长。蒋梦麟回忆，中西学堂的课程虽然中国旧学居多，但毕竟已有西洋学科，他正是在这段求学时光中知晓了地圆说、雨的形成及燃烧的原理，他还评价道"这是我了解一点科学的开端"。

蔡元培在教育方法上实行因材施教，学生年龄不同，学习能力和对知识的掌握程度参差不齐，有偏科现象。课程就按照学生的基础分为了三个等级，比如国学基础好的学生在高等级，如果这个学生有弱势学科，英语较差，他在上外语课时，还可以到英语教学程度最低的班级去读。

蔡元培认为一所好的学校，除了学习课程以外，图书和教学仪器也很重要，他开始自己办图书馆，派专人采购上海出版的图书、国外引进的图书，购买理科教学所需的重要仪器、教具和标本。

蔡元培目睹了中日甲午战争的惨败，常常与学生和老师交流思想，表达人才兴国的愿望。他是旧学出身，成为皇上钦点的翰林，国学基础十分深厚，有足够的发言权和威信来宣传他的新学思想和强国之梦。

蔡元培在此期间读了严复的译著《天演论》、亚当·斯密的《原富》、斯宾塞的《群学肄言》等书，对西方社会学说的了解更加系统，思想认知也上升到一个新的高度。他在1899年记下译著《天演论》中的要点，将严复与谭嗣同并列，视为自己的引路人。蔡元培曾自述道："而得阅严幼陵氏之说及所译西儒《天演论》，始知炼心之要，进化之义，乃证之于旧译物理学、心灵学诸书，而反之于《春秋》《孟子》及黄梨洲氏、龚定庵氏诸家之言，而怡然理顺，涣然冰释，豁然拨云雾而睹青天。"

中西学堂分有两派，一派是与时俱进的新派教育，教师相对年轻，一派是比较保守的旧派教育。两派人在食堂里吃饭时经常针对当时的时政和办学方法进行争论，引得在场学生围观。杜亚泉教授理科，以适者生存的进化论，宣传物竞天择。马用锡教授文辞，提倡民权女权，不时诋斥尊君卑民、重男轻女的思想。

蔡元培立场坚定，一直在支持新派思想。他将自己"常州学派"的论点和当时风行的进化论观念嫁接起来，还以《春秋公羊传》的"三世说"来解析进化论，将中国传统思想和西方思想结合，在中国的传统文化中为西学寻找立足之根。

蔡元培又曾为三纲五伦辩护，但他的说法远不同于卫道者的纲常观，而是批判了愚忠和愚孝，指出其并不合于三纲五常。蔡元培指出："纲者，目之对，三纲，为治事言之也。国有君主，则君为纲，而臣为目,家有户主,则夫父为纲,而妇子为目。此为统一事权起见,与彼此互相待遇之道无关也。互相待遇之道,则有五伦,故君仁,臣忠,非谓臣当忠而君可以不仁也,父慈,子孝,非谓子当孝而父可以不慈也;夫义,妇顺,非谓妇当顺而夫可以不义也。晏子曰:'君为社稷死则死之,孔子曰:'小杖则受,大杖则走。'若如俗所谓君要臣死,臣不得不死,父要子死,子不得不死者,不特不合于五伦,亦不合于三纲也。"

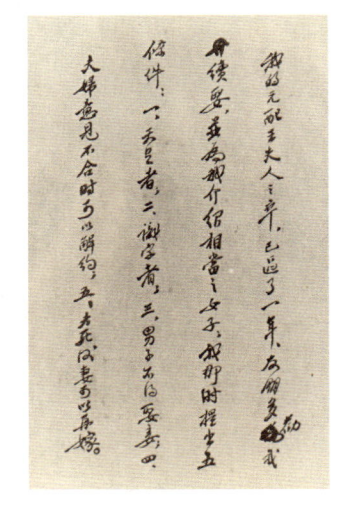

蔡元培的征婚条件

蔡元培对待婚姻问题,也带着浓厚的新思想色彩,他的原配夫人王昭在1900年病逝,说媒者络绎不绝地登门说亲,蔡元培则提出了五个征婚条件:(一)女子须不缠足者;(二)须识字者;(三)男子不娶妾;(四)夫妇如若不相合,可离婚;(五)男死后,女可再嫁。最后两条让说媒者颇为惊骇。

一年后,蔡元培访得江西黄尔轩先生之女黄世振(又名黄仲玉),请江西叶祖芗做媒,订下婚约。蔡元培虽治新学,但也有崇拜孔子的旧习,他与黄女士行婚礼时,没有依照浙江习俗挂三星画轴,而是挂了红幛子缀"孔子"两个大字。中午过后,他用演说会的方式来代替闹房。演说的内容是新旧学说之论,演讲者陈介石引经据典,阐扬男女平等的观念。另一位演讲者宋燕生则以男女学行相较,提出男女平等是不可能的,他还说道:"倘黄夫人学行高于蔡先生,则蔡先生自应以师礼事之,何止平等?倘黄夫人学行不及蔡先生,则蔡先生当以弟子视之,又何从平等?"蔡元培致答词回应道:"就学行言,固有先后，就人格言总是平等。"蔡元培别具一格的结婚仪式在当时的社会也是开风气之先了。

在中西学堂，蔡元培时常发表偏于革新的意见，对传统学说多是质疑。而在新旧学问的探讨上，蔡元培与他人若有不同见解，认为对方是封建和落后的，也依然尊重研究教学的学者们。他总能以兼容并蓄、包罗万象的态度，吸纳不同的人才，听取不同的观点。

薛炳、任秋田等旧派人士势孤力单，对蔡元培等人的新思想并不服气，认为这样是不给他们留余地，于是请出堂董徐树兰出面干涉。

徐树兰是老辈，自然赞成旧派观点，他还拿出光绪二十五年的一份"正人心"的"上谕"送给蔡元培，这则"上谕"，是清朝镇压戊戌变法后对同情变法和支持维新人士的人的一种威慑，斥责这些维新阵营的人为"援引匪人，心怀叵测"，今后"自当以名教纲常为己任，以端学术而正人心"。徐树兰还要蔡元培抄录悬挂，对他施以警告。

蔡元培难以向旧思想妥协，愤然复书痛诋："若曰将为之避祸也，则元培固不畏祸。元培近得炼心之要，时无古今，地无中西，凡所见闻，返之吾益己益世之心而安，则虽阻之以白刃而必行；返之吾心而不安，则虽迫之以白刃而不从。"

蔡元培随即提出辞职，他在写给徐树兰的《致徐丈仲凡书》中提出："元培所理者，学堂而已。学堂者，绍兴之公事也，非元培一人所得而蟠据也。果欲责之元培与，元培之宗旨如此，有与元培同志而不畏祸者，共事可也；教习而畏祸也者，辞职可也；学生而畏祸也者，告退可也；绅董而畏祸也者，绝交而勿干与焉可也。虽然，前年之垫款，今年之用费，度非元培所能办也。……又有一上策焉，曰元培辞总理之责而已。……如荷俯允，则元培已以赴嵊之故，一切事已卸于钟生同年矣,即以今日为元培卸总理之期可也。"

最后,经过多方斡旋,蔡元培同意回校复职。1900年10月,中西学堂停办,蔡元培开启了教育生涯的另一个阶段,他离开绍兴,开始为筹办新学校奔波。中西学堂只开办了两年左右的时间,却是蔡元培日后实行教育改革的一个雏形,他的兴学之路才刚刚开始。

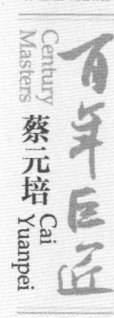

百年巨匠 Century Masters 蔡元培 Cai Yuanpei

第四章 兴学风雨路

蔡元培离开中西学堂后，继续为推行新学教育而劳心劳力。早在蔡元培离开绍兴府学堂之前，嵊县官绅就聘他为二戴和剡山书院的院长。他在《自写年谱》中提到了这段颇为失落的经历："照旧例，每月除官课由知县主持外，举行师课一次，由院长出四书文题、试帖诗题各一，为评定甲、乙就算了。院长到院与否，都无关系。我觉得此种办法实太无聊，到院后，曾演讲数次，说科学的有用，劝院生就性所近，分别考求；但书院经费有限，不能改进。我担任一年，就辞职了。"

蔡元培继续在教育之路上探索。诸暨县丽泽书院曾邀请他担任院长，蔡元培没去赴任，只在一年后力劝书院改为新式学校，他去杭州后还曾建议某书院改为师范学校，倡导新学，几经奔波，也终无结果。直到1901年的夏天，澄衷学堂监督刘树屏向他发出了邀请，他便风尘仆仆地来到上海，帮刘树屏协理澄衷学堂校务。

一个月后，蔡元培在刘树屏的推荐下，顺利进入了南洋公学这所新式学堂任教，在上海的这次起步也被视为他投身高等教育的起点。

南洋公学是时任会办商约大臣的盛宣怀在1896年创办的一所新式学校，学校分为师范院、上院、中院、外院四部。外院即是小学，中院即是中学，上院则是专门学堂。这所涵盖初、中级教育和专科教育的近代学校，正是如今上海交通大学的前身。

1900年的义和团事件发生后，清朝政府推行"新政"，南洋公学

南洋公学上院

开始设置"特班",招收优秀学生,授以西学。蔡元培来到南洋公学后,就在特班担任总教习,特班的课程重在西学,功课分为前后两期,前期是初级功课,后期是高级功课,都定为三年毕业。

蔡元培参考传统书院的形式确定选修门类和应读书目,科目涉及了政法、财经、哲学、文史、外交、教育及自然科学。初级功课设置了英文写诵,还有文法章句、数学、代数、几何、化学等课程。高级功课设置了格致、史学、政治学等课程。蔡元培提道:"是其本意在以教授英文、政治、理财等学,养成新式从政人才,而于初级中补授数理化普通教育也。"

蔡元培主动教授学生日文,还组织演讲和辩论的活动,他对学生们说道:"中国国民在极度痛苦中,还没有知道痛苦的由来,没有能站立起来,结合起来,用自力解除痛苦,这是中国根本弱点,你们将来出校,办学校以外,还要唤醒民众,开发他们的知识。这些固然可以靠文字,但民众识字的少,如能用语言,效用更广,你们大家练习演说罢!"

蔡元培倡导特班成立演说会,自拟题目分组定期进行演讲、辩论，以掷地有声的言语唤醒民众之需求。蔡元培经常向特班学生们灌输民权和爱国思想，引导学生放眼世界，激励学生培养多种才能。

除了教课之外，蔡元培还负责管理学生。从特班走出的黄炎培、邵力子、李叔同、谢无量、胡仁源、黄大钧、王世澂、殷洪亮等人，都在革命时代的浪潮中，成了为民族进步、文化发展贡献力量的桢干之才。

黄炎培后来回忆道："开学之日，礼场诸师长中，有衣冠朴雅、仪容整肃而又和蔼可亲者一人，同学（奔）走相告，此为总教习，则吾师是也。"

黄炎培所提到的"吾师"正是蔡元培，他在《敬悼吾师蔡孑民先生》中记录了蔡元培在南洋公学任教时的情形。蔡元培每晚都会召集两三个学生作个别谈话，有时发问，有时让学生口述学习心得，有时谈论时事感想。全班42人，每人隔十来天都要到他房里去谈一次话。学生每次去，都能看见满屋子的书，看到蔡元培长久地伏案其间，"无疾言，无愠色，无倦容，皆大悦服"。

在南洋公学任教期间，蔡元培和报刊出版界开始建立联系，好友张元济当时正在南洋公学任译书院院长，蔡元培常向他借阅西学书籍和日文资料，志同道合的两个人时常彻夜长谈，并相约一起创办一份报刊，专为国人译述外国报刊对中国的评论和报道。报刊最初取名为《开先报》，后来改为《外交报》。张元济担任报刊主编，蔡元培负责撰写评论文章，同时翻译日文稿件。

蔡元培在该报的《叙例》中阐明了宗旨："荟我国自治之节度，外交之政策，与外国所以对我国之现状、之隐情，胪举而博译之，将以定言论之界，而树思想之的。"同年10月，《外交报》顺利发刊。不久之后，张元济投资了商务印书馆，并向主办人夏瑞芳建议设立编译所，编译所成立后，张元济就推荐蔡元培兼任所长，负责组织编写新式学校的各类教科书。由此，蔡元培与商务印书馆的数十年合作开始了。

与此同时，蔡元培改革教育的行动也更加频繁。1902年4月，在废八股，兴学校的"新政"背景下，中国教育会在上海泥城桥外福源里正式成立，蔡元培被选为事务长，即会长。中国教育会成员们表示："我国今日学界最缺乏者为教科书，教育会发兴之始，即欲以此自任。"该会打算印行刊物，进行通讯教学，在主理教育的同时，也在暗中宣传革命。

蔡元培的教育新政改革不仅致力于教学内容和教学方法，还涉及教学对象。他与妻子黄世振住在上海时，蒋智由、黄宗仰、林白水、陈范和吴彦复等好友常带女眷前来相聚，大家屡次"众议教育之根本在女学"，于是便着手筹建女子学校。

9月，以"教育女子增进其普通知识、激发其权利义务之观念"为宗旨的爱国女校正式创立，蒋智由被推为校长，学生大多是发起人的妻女，人数仅十余人。12月，爱国女校开学，学校在《爱国女学校开办简章》中规定"凡女子自十三岁以上廿五岁以下均可来学，惟须汉文已通顺者"。

蒋智由去日本后，蔡元培接替了他的职位，成为爱国女校的校长。蔡元培后来回忆起爱国女校时，称其"含有革命性质""革命精神所在，无论其为男为女，均应提倡，而以教育为根本"。一年之后，爱国女校开始招收外来学生，女校的学生人数逐渐增多，影响力也逐渐扩大。

1902年暑假，蔡元培第一次跨出国门，与高梦旦等人同去日本游历。到了东京之后，蔡元培遇到了新任京师大学堂总教习的吴汝纶在

蔡元培（后排左五）参加爱国女校开学典礼

此考察教育，与他相谈甚欢，在教育方面也进行了深入交流。同时，中国留日学生的爱国热情和变革思潮让蔡元培很受触动，他还对主撰《浙江潮》杂志的"浙江二蒋"蒋百里和蒋伯器印象深刻，这趟日本之行让他收获不小。

蔡元培从日本回国后不久，南洋公学就发生了轰动一时的退学事件。学校的课程设置虽然先进，管理却专制又守旧，有些教员"以奴隶对学生"，学生们在长期的压制下，民权思想反而愈发强烈。

第五班教习郭镇瀛宣扬《东华录》中的"圣祖""武功"，禁止学生阅读新书，11月中旬，第五班学生伍王钧将一墨水瓶放在教师郭镇瀛的座上，郭镇瀛认为学生在讽刺他胸无点墨，大骂学生不敬师长，坚持严厉查办此事，处罚了无辜学生。郭镇瀛的行为引起全班激愤，学生要求校方辞退郭镇瀛，校方竟然严惩请愿的全体同学，以"聚众滋事"的罪名开除了全班学生。最终，包括特班在内的全校二百多名学生，相约全体退学，以示抗议。

南洋公学的退学事件，成为中国近代教育史上时间最早、规模最大的学生运动。蔡元培向学校交涉，却无力改变结局，他在学生退学之时，对他们说："不要散，我们组织一个学校。"他随即愤然辞职，和学生们一起离开了南洋公学。

蔡元培将一部分退学学生组织起来，在中国教育会的支持下借用了教育会房舍，创办起了爱国学社，蔡元培担任学社的总理，即校长。爱国学社成为蔡元培创办的一个相对独立的教学实体，是他贯彻教育救国的自由之地。

蔡元培与志同道合的友人一起募集款项，聘任义务教员。1902年11月26日，爱国学社正式开学，蔡元培在开学时激昂陈词："吾人前途之希望果何如乎？则精神教育之结果而已。近今吾国学校，日月增设，……然其精神上之腐败，之卑猥，决不能为之讳。比如人之有官体而无神经，则土偶傀儡之类耳。吾辈今既以制造神经为主义，则有三希望焉：一曰纯粹其质点，则沉浸学理，以成国民之资格是也；二曰完全其构造，则实践自治，以练督制社会之手段是也；三曰发达其能力，则吾学社不惟以为雏形，而以为萌芽，以一夫不获之责，尽万物皆备之量，用吾理想普及全国，如神经系之遍布脑筋于全体是也。……吾学社果能达此希望乎，则微特学社之光荣，微特吾教育会之关系，吾中国之前途，实大被其影响焉。"

爱国学社创立初期，有55名社员，都是南洋公学的退学学生。后来，学社逐渐扩充到150多人，成为一个不受拘束、民主自由的学术天地，被视为一所共和学校。

1904年11月，蔡元培在上海发起成立了光复会，被推举为会长。

蔡元培（右六）参加爱国学社开学典礼

第二年夏季，中国同盟会在日本东京成立，蔡元培受孙中山委任，成为上海分会的主持人，开始在江浙一带发展同盟会成员，蔡元培的学生黄炎培在他的影响之下，也加入了同盟会。同时，蔡元培还倾力协调同盟会与光复会，促进两会的互助协作。

几年来，一介书生蔡元培在上海奔忙教育改革和革命活动，可惜都少有成效。革命遥遥无期，国势日渐衰微，蔡元培时常感到茫然，他曾自述道："在上海所图皆不成，意颇倦。"

1906年春，蔡元培收到了一份来自绍兴老家的邀请，他在《自写年谱》中提到："那时候，绍兴一个小地方，革命的空气颇为浓厚……诸同志建议办一绍兴学务公所，用以促进绍属八县的教育事业，推我为所长，促我回里，我于是回绍兴，办学务公所。"

蔡元培离开上海，返回了故乡绍兴，出任秋瑾等人创办的绍兴学务公所的所长，推动起了绍属八县的教育事业。那时的学务公所是当地的肥缺，工作人员每月的薪水都非常高，眼馋所长之位的人也不少，蔡元培的高位自然难以安坐。

蔡元培在所里推行的各项改革很快遭遇了重重阻力，他在《口述略传》里提到："所延干事受人反对，后又以筹款设师范班受人反对"，想"促进绍属八县的教育事业"成为空谈。这年6月，他愤而辞去绍兴学务公所总理一职，这段学务公所的兴学之路，只持续了两个月的时间。

蔡元培在关注国家大事、推进教育改革的同时，也不忘关心绍兴同乡的困苦。他在1903年就发起成立了绍兴教育会，并在《绍兴教育会之关系》这篇演说词中提到"吾辈即为绍兴之人，则绍兴一切之事，非即吾辈之责任乎？"凡与绍兴有关的事，蔡元培都尽心竭力去做，绍兴的父老乡亲给他写信，他都有问必答、有求必应。

绍兴有座吼山，吼山上种着漫山的蟠桃，每到收获季节，附近的农民和小孩都争相上山乱采乱丢。果农十分痛心，也对大家随意采摘的行为感到无奈，乡邻就给他支了一招，去找蔡元培。

果农抱着试一试的心态，去拜访了颇有声望的蔡元培，请他帮忙主持公道。蔡元培于是写下一段类似告示的内容，劝告大家，果农们以此为生计，应体恤他们劳作的辛苦，外人乱摘乱采，是不道德的行为。他的文字十分通俗，表达浅显易懂。果农把这份"告示"贴在山脚下后，果真没人再去摘桃了。

绍兴是蔡元培血脉情深的故土，他喜欢在怡然舒心的大自然中思考，他的足迹遍及了绍兴的山山水水。他也喜欢在探亲访友中排解心事，通过畅谈和交心来调整自我。蔡元培在辞去绍兴学务公所总理的职务后，没过多久就接到北京友人的来信，信中提到一个让他喜出望外的消息：清政府拟派翰林院编检各员出国留学。

蔡元培多年以来在旧中国苦苦推行新学，未有成效，已近不惑之年的他对教育救国之路仍旧迷茫。或许国外的世界，是一番新的天地，或许以退为进，从一名教育者变回一名学者，汲取新的智识，会让他拨开迷雾，对未来的路更加清晰。于是，蔡元培毅然决定入京，去争取渺茫的留学机会。

百年巨匠 蔡元培 Cai Yuanpei
Century Masters

第五章 德国留学

蔡元培回到阔别多年的北京，首先回翰林院销了假，他在写给汪康年的信中提到他的希望和担忧："弟此次进京销假，本为最不安之事。徒以游学德意志之志，抱之数年，竟不得一机会。忽见报载学部有咨送翰林游学东西洋之举，不能不为之心动。初亦恐进京而事不成，徒折吾节。故初则电询陈介公，后又电询王书公，其复函均称非进京销假不得图。王书翁到沪面谈，并催弟速行。因以七月进京，此亦日暮途穷之为，不意竟成夸父逐日之失……盖弟数年来，视百事皆无当意。所耿耿者，惟此游学一事耳。"

早在1903年，蔡元培就未雨绸缪地为出国做了一些准备。当时，他经陈范介绍，跟随青岛《胶州报》的主人李幼阐学习德语，而后又跟随李幼阐推荐的一德国教士继续学习。此时蔡元培已对西洋哲学产生了浓厚兴趣，他深知德国是近代哲学的发祥地，早已在心里将留学国度确定为德国。

1906年，蔡元培在申请留学的信里写明，他想去德国留学，是因为德国有着当时最发达且最先进的高等教育体系，他想要学习大学教育体系在德国是怎么开展的。他认为"世界学术德最尊"，因此"游学非西洋不可，且非德国不可"。

然而，清政府最初因经费问题，将派遣赴欧留学的事宜延缓实施，再加上想要去欧美留学的人很少，派送之事也搁置不办了。蔡元培只好另想办法，他听从同乡肖伯棠、缪献甫的建议，开始向学部申请自费留德。他一面等候批复,一面寻找其他的留学途径。

不久之后,蔡元培得知顺天府尹孙宝琦奉命出任驻德公使,就求来机会去登门拜访孙宝琦。他向孙宝琦表示希望能在使馆中担任职员,以求得留学的机会。孙宝琦十分欣赏蔡元培的求学之心,不仅同意了蔡元培的请求,慷慨允诺每月助银三十两,还让他无需到使馆服役。

1907年6月,39岁的蔡元培随同前往德国赴任的孙宝琦,踏上了赴欧留学的征途。他们一行十余人乘坐俄国火车,途经莫斯科,在7月抵达德国柏林。

在那个时期,洪堡兄弟对德国的教育进行了全面改革,使德国的大学发生了翻天覆地的变化。欧洲大学从罗马中古时代开始,一直围绕着宗教,把《圣经》作为知识的核心,教化众人。到了18世纪,德国洪堡兄弟经过反思,认为大学是建立知识的一个金殿。每一代的科学人,每一个学者,在大学里教授知识,但最主要的还是研究和创新。因此,他们把过去800年来最为重视的知识核心《圣经》请出大学,把科学请了进来。

当时美国的哈佛、英国的牛津剑桥,都还停留在旧学中,德国却已经开始了变革。德国把欧洲的大学从中古时代带入了现代发展的模式中,即是现代大学(modern university),蔡元培正是在这个时候来到了德国。

1907年夏,蔡元培顺利到达德国的首都柏林,按照事先制定好的计划,他准备至少用五年的时间,在德国的学校"专修文科之学,并研究教育原理,及彼国现行教育之状况"。此时他的当务之急是补习德语。

蔡元培在留学过程中,一直在为上海商务印书馆编撰教科书,每月获得酬劳百元，都留作了家用。孙宝琦考虑到蔡元培的旅居经费并不充裕，就介绍他去做家庭教师，为唐绍仪的侄子唐宝书、唐宝潮等四人补授国学，每月有一百马克的酬劳。

蔡元培补习德语的这段时间是十分辛苦的，他在自述中写道："我在柏林一年，每日若干时习德语，若干时教国学，若干时为商务编书，若干时应酬同学，实苦应接不暇。德语进步甚缓，若长此因循，一无所得而回国，岂不可惜！"

德国留学时期的蔡元培

1908年暑期，蔡元培离开柏林，进入德国东部的莱比锡大学。创立于1409年的莱比锡大学是德国的顶级大学之一，蔡元培在这座拥有五百年历史的高等学府里，开始了三年的留学生活。

蔡元培在学校里日日埋头读书，潜心修学。莱比锡大学至今还保留着当年他上学时期的选课表和成绩单。三年的时间里，他选修了四十多门课程，平均每学期选学了七门课程，所学内容十分广泛，涉及哲学、文学、教育学、心理学、美学、民族学、绘画艺术论等。而其他的课程，他也没有轻视，只要"时间不冲突者，皆听之"。

在众多课程中，蔡元培对美学产生了极其浓厚的兴趣，他在《民族学上之进化观》一文中写道："我向来是研究哲学的，后来到德国留学，觉得哲学的范围太广，想把研究的范围缩小一点，乃专攻实验心理学。当时有一位德国教授，他于研究实验心理学之外，同时更研究实验的美学，我看看那些德国人所著的美学书，也非常喜欢，因此

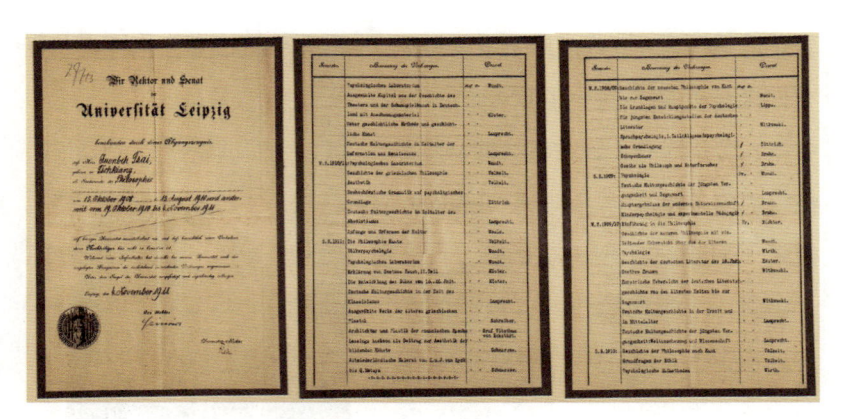

蔡元培于 1908 年至 1911 年在莱比锡上学时期的选课证书

我就研究美学。但是美学的理论,人各一说,尚无定论,欲于美学得一彻底的了解,还须从美术史的研究下手,要研究美术史,须从未开化的民族的美术考察起。"

当时的莱比锡大学群星荟萃,蔡元培每学期都会选修威廉·冯特和卡尔·兰普雷希特的课程,这两位学界大师极大地影响了他的教育思想。

兰普雷希特是莱比锡大学非常有影响力的历史学家,是文明史、艺术史领域极具分量的大师。他在"历史应该如何去定义"这一问题上,和当时的学术界、历史研究界持有不同看法,在当时德国的历史学界引发了巨大争议。

在兰普雷希特看来,历史超越了人们所熟知的范围,以一种更广泛的、和文化相对的方式在发展。他对历史有着宏观的看法,认为历史的发展不仅限于德国、欧洲或者世界上的一小部分,而是相对于整个世界文化,即"Universalgeschichte"——宏观历史。

蔡元培从第二学期起开始选修兰普雷希特的课,先后选修过他开设的"德国文明史""史学方法"等课程，在《自述》中称赞"兰普来西氏是史学界的革新者"。

兰普雷希特以进化的历史观划分人类社会的发展阶段，阐释种种矛盾的演化变迁。同时，他讲述历史时最注重美术的史学价值。蔡元培在《自写年谱》中说道："兰氏讲史，最注重美术，尤其造形美术，如雕刻、图画等。彼言史前人类的语言、音乐均失传；惟造形美术尚可于洞穴中得之，由一隅反三隅，可窥见文化大概。"兰普雷希特提到造形美术保留于洞穴中，被后世看到，通过保留下来的文明痕迹，可以"窥见文化大概"。这让蔡元培深受启发。

后来，蔡元培还参加了兰普雷希特创立的文明史研讨班，他在《美育人生·蔡元培自传》中回忆道："兰氏所创设的文明史与世界史研究所，除兰氏外，尚有史学教授六七人，学生在三四年级被允许入所研究者，那时约四百人。我以外国学生，不拘年级，亦允入所并在兰氏所指导的一门中练习。他的练习法，是每一学期中，提出有系统的问题一组，每一问题，指定甲、乙二生为主任，每两星期集会一次，导师主席，甲为说明的，乙为反驳的或补充的，其他丙、丁等为乙以后的补充者。最后由导师作结论。进所诸生，除参加此类练习班外，或自由研究，或预备博士论文，都随便。"

兰普雷希特并不是一个汉学家，但他对历史学、文化历史、比较历史都很感兴趣，推动了在莱比锡已经进行了50余年的关于中国的研究和教学。莱比锡大学汉语言研究的起点是Van de Garbelens对语法的研究。19世纪末的莱比锡大学有一些讲座教授，这些特聘教授进行汉语研究，为学生们讲授汉语言、中国历史学等内容。然而这些专业都附属于系，还没有组成一个专门研究中国的独立学院。

后来学校开始了中国哲学、语言学和历史的研究工作，最重要的研究成果集中在 19 世纪末到 20 世纪上半叶。莱比锡大学在兰普雷希特的帮助下建立了东亚学院，兰普雷希特还雇了专人来协助研究东亚历史，用收到的基金从东亚购买中日文学作品。

兰普雷希特推动建立的东亚学院，让有关中国的一些学术研究拥有了一个学院性质的研究体系。蔡元培在校期间，常常在东亚教研室和其他学者一起探讨中国文明方面的问题，受益良多。

兰普雷希特的"文明史学"是以集体心理学为学术基础，而蔡元培非常喜欢的冯特教授是一位心理学家，更是实验心理学的创始人。蔡元培每个学期都要选修冯特教授的课，他还在《自写年谱》里难掩仰慕之情地介绍冯特教授，他"是一位最博学的学者。德国大学本只有神学、医学、法学、哲学四科；……而冯德先得医学博士学位，又修哲学及法学，均得博士；所余为神学，是彼所不屑要的了。他出身医学，所以对于生理的心理学有极大的贡献。所著《生理的心理学》一书，为实验心理学名著。世界第一个心理学实验室，即彼在莱比锡大学所创设的。又著《民族心理学》《论理学》《伦理学》《民族文化迁流史》《哲学入门》（此书叙哲学史较详），没有一本不是原原本本，分析到最简单的分子，而后循进化的轨道，叙述到最复杂的境界，真所谓博而且精，开后人无数法门的了"。

冯特教授在课上强调的是审美教育，欧洲的思想史中的美学（aethetics）是感性之学的意思。审美教育则是感性教育，来自康德的哲学体系，体系分为逻辑学、伦理学、美学三类。蔡元培查阅过相关学术论文，看过王国维对康德的理解。到德国求学后，他通过冯特、兰普雷希特等老师开始真正学习康德的重要哲学理论和体系，对逻辑学、伦理学和美学有了新的认知，也奠定了他后来审美教育的基础。

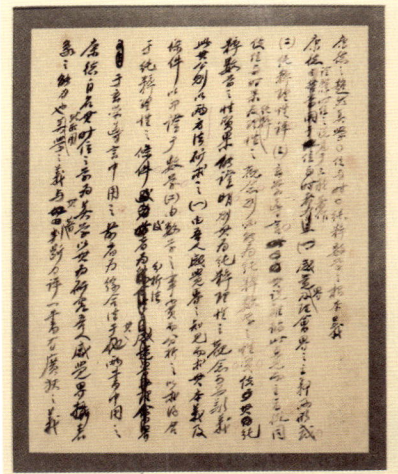

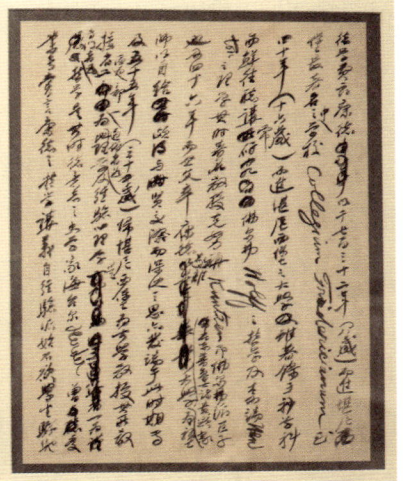

蔡元培写的康德美学笔记

　　蔡元培在《自写年谱》中写道："我于课堂上既常听美学、美术史、文学史的讲演，于环境上又常受音乐、美术的熏习，不知不觉的渐集中心力于美学方面。尤因冯特讲哲学史时，提出康德关于美学的见解，最注意于美的超越性与普遍性。就康德原书，详细研读，益见美学关系的重要。"

　　蔡元培在莱比锡大学并没有上过教育学课程，上的都是有关哲学、心理学、历史学和美学的课程，这些才是他真正感兴趣的知识。他在作为学生的实践过程中研究德国的教育体系，在这些研究学习中获得了很多灵感，这些灵感启发了他新的理念，而这些新的理念在他回国之后也逐渐开始落地实施。

　　1911年10月10日，武昌起义爆发，清王朝行将就木，推翻腐朽旧社会的革命席卷全国。此时的蔡元培正处于暑假之中，在德国朋友的介绍下正在维坎斯多弗中学参观。在这所学校住了一星期后，蔡元培忽然在报上看到了武昌起义的消息,他不禁"为之喜而不寐"。

一个德国朋友问蔡元培:"这一次的革命是否可以成功?"他回答说:"必可成功。因为革命党已预备很久了。"

蔡元培很快赶回了柏林,与留德学生一起集款,共同致电国内各省,积极响应革命。很快他收到了国内的急电,让他立即回国参加建立民国的活动。于是,蔡元培结束了四年的留德生活,取道西伯利亚迅速返回祖国,回到了他心心念念的教育行业,去绘制心中那幅崭新的教育蓝图。

百年巨匠
Century Masters 蔡元培 Cai Yuanpei

第六章

民国第一任教育总长

1912年1月1日，中华民国在南京正式成立，孙中山就任中华民国临时大总统。两千多年的封建统治成为过去，蔡元培欣喜地迎来了中华民国的全新时代。1月3日，蔡元培被任命为中华民国第一任教育总长，他随即前往南京，受命组建中华民国的教育部。

当时南京临时政府有的部门多至一百余人，而教育部加上缮写员在内也不过三十余人，他们多是蔡元培在中国教育会、爱国学社、爱国女学进行教育和革命活动的同志。唯才是用的蔡元培颇费心思，四处寻才觅贤，王云五曾回忆："我在总统府任职不满半个月，突接上海家里转来那时任教育总长蔡元培先生亲笔写给我的一封信，邀我往教育部相助为理。原来在我入京任职以前，由于任教多年，对民国的教育政策颇有主张，便把我的意见写成建议寄给蔡先生。……想不到蔡先生对于一位向未谋面的青年，而且丝毫没有表示毛遂自荐之意，竟也特予拔擢。"

鲁迅当时也在南京教育部工作，蔡元培主持下的教育部让鲁迅"觉得中国将来很有希望"。他还在文章中描述了蔡元培在主持南京教育部工作时的氛围和景象："当时一切草创，革故鼎新，煞费经营。但在蔡先生主持下，全体部员每日上午9时上班，午后5时散班，照学校成规，用摇铃为号，分工任事，行政效率极高，呈现一派蓬勃奋发的气象。"

1月19日，中华民国的教育部正式成立，《中华民国临时政府中央行政各部及其权限》规定了教育部总长的职责范围为"管理教育、学艺及历象事务,监督全国学校所辖各官署",蔡元培正式启用印信,教育部便开始了办公。这一天,教育部制定了《普通教育暂行办法》及课程标准,并向各省都督发出电报及咨文,请其"饬发所属,转发各学校一体遵行",这也成为中华民国教育史的开场白。

任教育总长时期的蔡元培

《普通教育暂行办法》在蔡元培的主持下,由蒋维乔与陆费逵起草拟定,其中提出:(一)从前各种学堂改称学校,监督、堂长改称校长。(二)每年仍分二学期,阳历3月开学,至暑期为第一学期;暑假后至来年2月为第二学期。(三)初等小学男女同校。(四)各种教科书务合乎共和民国宗旨。(五)小学废止读经。(六)小学注重手工科。(七)高等小学以上,体操注重兵式。(八)初等小学三学年起兼课珠算。(九)中学不分文、实科。(十)中学及初级师范修业年限由五年改为四年。(十一)旧时奖励出身,一律废止。毕业于学校者分别称初、高等小学毕业生,中学校、师范学校毕业生。

陆费逵在《我青年时代的自修》一文中写道:"其内容大体根据我三年中所研究的结果,如缩短在学年限,减少授课时间,小学男女共校,废止读经等,均藉蔡先生采纳而得实行。"北京大学堂亦于三月后更名为北京大学校,蔡元培提名严复出任北大校长。

2月8日,蔡元培发表了教育改革的纲领《对于新教育之意见》,

他对清朝学部1906年规定的忠君、尊孔、尚公、尚武、尚实的五项宗旨进行修订，提出了"军国民教育、实利主义教育、公民道德教育、世界观教育和美感教育"五育并举的新宗旨。

蔡元培提出了《学校不应拜孔子案》，他理性地认为孔子不是宗教，世人尊孔可以自有其道，教育和宗教却不能混为一谈。周作人在《记蔡孑民先生的事》一文中说：

《对于新教育之意见》（1912年）

"蔡先生主张思想自由，不可定于一尊，故在民元废止祀孔。其实，他自己非是反对孔子者，若论其思想，倒是真正之儒家也。"

蔡元培指出"尊孔与信仰自由相违"，孔子及其思想确实有很高的价值，但后世将其演变为"儒教""孔教"，受人膜拜，是极不合理的。蔡元培提倡普通教育要废除读经，大学课程要取消经科，同时主张废除宗教仪式的祀孔习惯。

军国民教育和实利主义教育的目的是强兵富国，公民道德教育是以中国传统的"义、恕、仁"为内容进行道德思想层面的教育。世界观教育是哲学教育，通过兼采周秦诸子、印度哲学来打破两千年来墨守孔学的旧习，亦是教育的最高目标。蔡元培解释美感教育为"合美丽与尊严而言之，介乎现象世界与实体世界之间，而为津梁"。美感是普遍性的，可以破除个人的偏见；美感也是有超越性的，可以破生死利害的顾忌，二者在教育上都极为重要。

蔡元培在《对于新教育之意见》一文中总结道："譬之人身，军国民主义者,筋骨也,用以自卫;实利主义者,胃肠也,用以营养;公民道德者,呼吸机循环机也,周贯全体;美育者,神经系也,所以传导;世界观者,心理作用也,附丽于神经系,而无迹象之可求。此即五者不可偏废之理也。"

教育改革刚刚开始,整个国家又经历了一次政权更迭,蔡元培在《自写年谱》中提到:"(孙中山)先生将被举为总统的时候,诸名流的观察,袁世凯实有推翻满洲政府的力量,然即使赞同共和政体,亦非自任总统不可。若南京举孙先生为总统,袁或失望,以武力压迫革军,革命或不免失败,故要求孙先生表示'与人为善'之乐,于被举后声明:若袁氏果能推翻清廷,我即让位,而推袁氏为总统之唯一候补者。"

孙中山为求取推翻封建统治,创办共和制国家的最终目标,将临时大总统的位置让给了袁世凯。3月10日,袁世凯把民国政府从南京迁到北京,在北京就任了中华民国临时大总统。

3月22日上午,教育部召开了全员大会,宣布新的临时政府不久将要在北京成立,南京原教育部暂时解散,以待与新的教育部进行交接。

蔡元培主持教育部工作以来,一直克勤克俭,反对浪费公款,《教育杂志》上刊登的《元年教育之回顾》一文中写着:"(教育部)诸事简陋,惟务实际,内鲜仆役,致以堂堂教育总长,亲诣大总统府领印,白巾咫尺,裹一方寸物,乘人力车往还,见者骇为开国史之趣谈。"南京教育部存在的这三个月里,全部支出仅为7160元,是当时临时政府各部中数额最少的。

新任国务总理唐绍仪邀请蔡元培继续担任教育总长,蔡元培却力辞不就,推荐范源濂担任教育总长,于是,孙中山在不久之后代袁世凯向参议院提出的十二部总长名单里，教育总长就定为了范源濂。范源濂闻讯后，立即致电袁世凯和唐绍仪，恳求让蔡元培留任。蔡元培在多方劝说下，最终同意继续担任教育总长。在蔡元培的邀请下，范源濂同意担任教育次长，成为蔡元培的左膀右臂。

7月10日，蔡元培领导教育部召开了全国临时教育会议，确定了民国教育的方针大计。他在开幕式上宣布这次会议为"全国教育改革的起点"，郑重提出："今日之临时教育会议，即中华民国成立以后第一次之中央教育会议，……关系甚为重大。因有此次会议，而将来之正式中央教育会议，即以此次会议为托始。且中国政体既然更新，即社会上一般思想，亦随之改革。此次教育会议，即是全国教育改革的起点。此次议决事件，如果能件件实行，固为重要关系；即使间有不能实行者，然为本会已经议决之案，将来亦必有影响。"

这次会议上，教育部将事先草拟的四十余项议案提交了大会审议。这些议案制定了教育行业的全新体制和规范细则，是蔡元培主持教育部工作半年以来的重要成果，构成了"壬子癸丑学制"的基本内容。"壬子癸丑学制"自实施之日起，持续推行了十年之久。

早在南京临时政府教育部成立之初，蔡元培就开始与部员、各方专家一起商拟各种教育方案。教育部北迁之后，这些教育方案经过研讨修订成为了议案，提交到了这次全国临时教育会上讨论。

全国临时教育会议于8月9日闭幕，教育部所提交的议案总共47件：其中议决的有23件，经过讨论有审查报告未及再读的有9件，未议的有15件。各议员所提交的44件议案里，并案议决的有3件，未议的有41件。尽管因时间匆促，许多提案还没有及时讨论，但重要的议案都取得了一定成果。教育部再度研讨后，制定出一系列重要法规，以部令公布，让全国遵照实行。

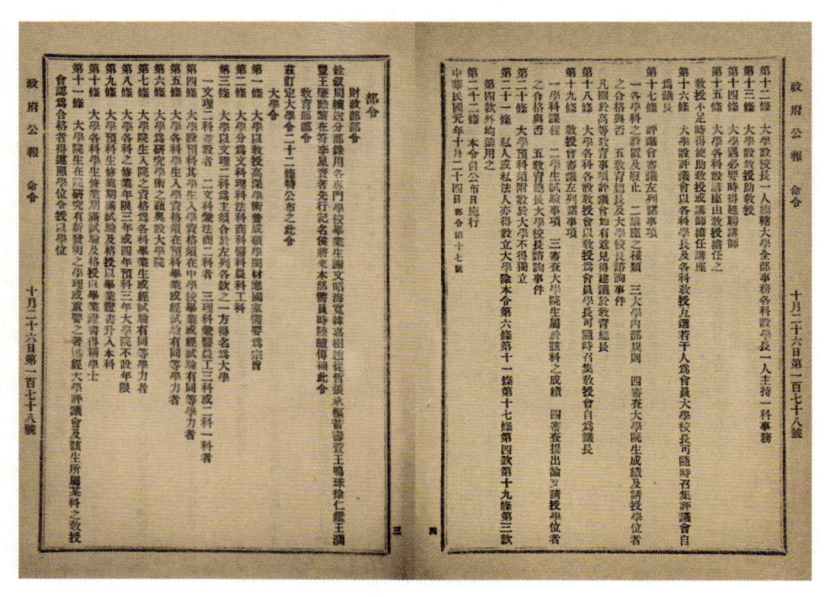

《大学令》（1912年）

据《教育部行政纪要》中的记录，计有：教育宗旨、学制系统、小学校令、中学校令、师范教育令、实业学校令、专门学校令、大学令，以及学校的管理、制服、仪式、学年学期及休假日期、征收学费、学生操行成绩考查、学生学业成绩考查、视学、教育会、读音统一会、审定教科用图书等规程。除了大、中、小学令外，还有各种学校的规程，比如师范学校、高等师范学校、法政专门学校、工业专门学校、医学专门学校、农业专门学校等等，共计38种规程。这套由蔡元培、范源濂两人先后主持和共同主持制定的方针政策与规章制度，奠定了中国现代教育的基础，意义重大，影响深远。

其中，蔡元培主持制定的《大学令》和《中学令》，是中国第一个大学和中学校令，他要把中学和大学建造成健全国民身心和人格的学校，主张采用西方教育制度，推行男女同校等改革措施。

蔡元培在留德期间考察了欧洲的大学制度，他筹划除北京外，在南京、汉口、成都、广州各设一所国立大学，扩充高等教育的规模。《大学令》效仿了欧美有关制度，设置了预科，预科毕业或经考试证明具有同等学力的人才能升入大学；大学高年级学生必须完成一定的研究课题才能毕业；大学分设文、理、法、商、医、农、工七科，以文、理二科为主，使其成为研究高深学理的机关。

全国临时教育会议虽然采纳了这些主张，却并未切实施行。而蔡元培在《大学令》里的教育构想，虽然没有立即变为现实，却为几年后治理北京大学提供了一个改制基础，也在几年后的实践中得到了最好的证明。

蔡元培在半年前提出了教育的五项宗旨，在本次会议上并未完全通过，中国近代教育家严修在日记中写着："访（张）伯苓于南开中学，为教育宗旨事。初，蔡总长拟教育宗旨五项：一、道德主义，二、军国民主义，三、实利主义，四、世界观，五、美感。而教育（会）会议竟将四、五两条取消，大奇！大奇！余劝伯苓力争之。"

蔡元培在教育工作上虽有一定成果，但他不愿与袁世凯政府继续合作。袁世凯在3月份宣誓就任临时大总统后，就一直蔑视《临时约法》，包揽大权，独断专行。蔡元培深感失望，多次提出辞职，却没有获得批准。他曾约集同盟会阁员，对他们说："目前情形，政府中显分两派，互相牵掣，无一事可以进行。若欲排斥袁派，使吾党同志握有实权，量力审势，决无希望。不如我辈尽行退出，使袁派组成清一色的政府，免使我辈为人分谤，同归于尽。"

7月13日，蔡元培再次提出辞职，这次他态度十分坚决，无心留任。第二天，袁世凯只好同意，令准蔡元培和王宠惠、宋教仁、王正廷辞去教育、司法、农林、工商四总长本官。

在担任教育总长的短短七个月时间里,蔡元培追求民主政治,思考并探索着中国教育从封建帝制走向民主共和的道路,不与腐政人士同流合污,气度高洁,被新闻界人士赞许为"同盟会第一流人物"。

百年巨匠 蔡元培 Cai Yuanpei

第七章 法国留学教育

蔡元培辞去教育总长职务以后，又萌生回归学术的心，他提笔给教育部写了一封申请出国留学的信函："我长教育部的时候，兰普来西氏曾来一函，请教育部派（学）生二人，在文明史与世界史研究所相助，我已于部中规定公费额二名，备择人派往，人选未定，而我去职。南归后，预料政治上的纠纷方兴未艾，非我辈书生所能挽救，不如仍往德国求学。"

当时正在教育部任职的蒋维乔被蔡元培的申请深深触动，认为蔡元培是前任教育总长，怎么好去做留学生，于是他设法代筹了一点钱款，把留学生的费用给了蔡元培去游欧，但名义上不叫留学生。

这年9月，蔡元培如愿以偿，再赴德国，又回到了莱比锡大学，开始了心无旁骛地听课和学术研究。他在莱比锡办理注册手续时，学籍名册上的"年龄"填的36岁，当时他实际已是46岁，"宗教信仰"填的"孔教"。这次深造，蔡元培主要在文明史与世界史研究所进行研究。

1913年3月，国民党领导人宋教仁遇刺身亡，袁世凯及其党羽正是幕后凶手。孙中山由此与袁世凯彻底决裂，同时约请海外的同志速速归国。蔡元培接到陈英士的电报后，立即和汪精卫一同启程回到了中国。

7月中旬，江西省湖口县爆发了讨袁起义，二次革命开始，南京等地纷起响应，蔡元培起草了反袁通电，并在《民立报》撰文，投身反袁斗争。他还与唐绍仪、汪精卫联名致电袁世凯，要求他"宣布辞职，以塞扰攘"。然而二次革命还是失败了，孙中山、黄兴等人流亡海外，革命再次进入低谷。

秋风萧瑟的 9 月，蔡元培带着妻子黄仲玉、次子无忌、三子柏龄、长女威廉乘船离开上海，第三次远赴欧洲。这一次他没去德国，而是听从好友吴稚晖的提议去了法国巴黎，开始了长达三年的旅欧征程。

蔡元培对法国之行颇为期待，当时的法国是经济强国，也是教育强国。18 世纪 60 年代开始的工业革命发源于英格兰中部地区，也直接影响到了隔海相邻的法国，法国的社会生产力在工业革命的带动下快速发展，而工业革命对科学技术的进步提出了更高要求，社会需要大量的优质劳动力，也快速推动了法国教育的发展和革新。法国国民教育制度确立于 19 世纪初期，到了 20 世纪初，法国在一定规模上普及了小学、中学和大学的教育。

法国吸引蔡元培的另一点，是有李石曾等一群好友相伴。1913 年 10 月，蔡元培带着家眷抵达巴黎后，先去了一家豆腐公司吃晚餐。蔡元培之前在德国莱比锡留学时，曾听齐宗颐谈到李石曾吃素，听他"言肉食之害，又读俄国托尔斯泰氏著作，描写田猎惨状"，蔡元培也随之开始吃素，坚持了十余年之久。他所在的这家豆腐公司正是提倡素食、热心公益的世家弟子李石曾所创立。

豆腐公司的经营状况不算好，法国人吃不惯这些用小机器制出来的豆乳、豆腐等豆制产品，除了在欧战期间，军队以豆腐干及豆制饼作为军队干粮，豆腐公司的销量相对较多，在平常日子里这些豆制品的销路并不乐观，但这家豆腐公司却是旅法华人的常聚之地。

晚餐之后，蔡元培带着家人去了吴稚晖和李石曾在市郊科隆布镇

蔡元培与家人合影

创办的中华印字局里暂住。不久，李石曾也偕家人与蔡元培一家人同住。

12月下旬，蔡元培举家搬进一个出租房，子女也陆续进校就学。蔡元培曾在出国前与商务印书馆再次约定，他在国外时每天可以用半天的时间来撰译书稿，商务印书馆则每月支付他二百元的稿酬。于是，蔡元培一边和妻子黄仲玉学习法语，一边编书。他计划先编《文字源流》《文法要略》和《中国文学史》三本书，然后撰写哲学、心理等学科的著作。这些书目既有蔡元培自选的，也有商务印书馆指定的。

李石曾、吴稚晖等人于民国元年在不远处的蒙塔尔纪城发起成立了留法俭学会，宗旨是"以纳最俭之费用，求达留学之目的"，并于同年四月间在北京设立了留法预备学校，意在让学生先学习几个月的法语，打下一定的语言基础，再赴法留学。当时，蔡元培正担任教育

1913年5月30日，第三班留法俭学会赴法前留影

总长，对此积极支持，还拨出了顺天高等学堂旧址作为留法预备学校的校舍。到了1913年，留法俭学会已经初具规模，陆续接纳了百余名留法俭学生。

　　蔡元培与李石曾、汪精卫等人每星期轮流为俭学生们作有关中西学术问题的演讲，并着力推进俭学生创办《农学杂志》的印刷发行等事宜。此外，蔡元培打算与李石曾、汪精卫筹办一份刊物，以此向旅欧华人宣传新思想新学说，倡导俭学主张，刊物最终定名为《学风》杂志。

　　1914年6月，《学风》杂志创刊号编成，蔡元培在《发刊词》中写道："今之时代，其全世界大交通之时代乎。……在一方面，吾人不失其为家庭或民族或国家之一分子；而他方面，则又将不为此等种种关系所囿域，与一切人类各立于世界一分子之地位，通力合作，增进世界之文化。……其最完全不受他种社会之囿域，而合于世界主义者，其惟科学与美术乎！"

《学风》创刊号陆续发稿，也在陆续付排过程中，但谁也没有料到，世界格局风云突变。一个月后，第一次世界大战爆发，欧战突起，百事停滞，筹备多时的《学风》也被迫停办。

蔡元培等人的旅欧生活笼罩在战争的阴影之下，留法学生们也受到战事的巨大冲击，学校关闭，国内的汇款难以寄到战区，孤悬海外的留学生瞬间陷入经济困境，一些学生难以在国外生存，有了辍学回国的打算。蔡元培再三劝留他们，想尽一切办法帮他们渡过难关。

很快，蔡元培和李石曾等人一同发起成立了旅法学界西南维持会，救助困难留学生。他撰写了该会的通告《吾侪何故而欲归国乎》，并在文中语重心长地劝导俭学生以学业为重，建议他们转入战火未殃及的法国西南部各校，继续求学。蔡元培在《吾侪何故而欲归国乎》中建议道："以留法同学之经验，共同生活，月费70佛郎而已足。至于归国川资，其数则巨，若移为留居之费，少则数月，多则年余，岂忧虑战局之不终而学费之不可以继续耶？……安全之地，如西南各省，则专门、普通诸校，必皆开课，法教育部言之矣。"

维持会一直在为留学生们寻觅安全的学校，帮助他们克服战争初期的种种困难。到了9月，德军逼近巴黎，法国政府迁往西南沿海城市波尔多，蔡元培和李石曾等人在当月中旬就举家搬去了西部乡间的谟觞村暂避。这个人口不足千人的村庄交通十分不便，而蔡元培却不忘教育者的初心，颇有兴致地参观考察了邻近的许多学校。后来，他带着家人在法国的南部城市都鲁士安定下来。

李石曾最初在巴黎创立豆腐公司时，从河北高阳招募了一些同乡人来法国工作，李石曾考虑到他们多半是工农出身，就设立了以工兼学的制度，帮他在工作之余学习普通文化知识。这套行之有效的制度很快推广开来，吸引了更多青年学生来到法国求学求知。

1915年6月，蔡元培和李石曾发起成立了以"勤于作工，俭以求学"为宗旨的勤工俭学会，李石曾还以富兰克林、卢梭等名人早年做工苦学的实例编印了《勤工俭学传》，宣扬勤工俭学的精神。

李石曾早在1912年就在上海发起成立了世界社，1915年，蔡元培与吴稚晖、李石曾、汪精卫等人在法国又组建起了世界社，蔡元培在起草的《世界社缘起》中写道："同人就学异国，感触较多，欲从各方面为促进教育之准备，爰有世界社之组织。"

该社以"传布正当之人道，介绍真理之科学"为宗旨，明确以创办刊物、编译图书为其重要社务，因此偶尔被称为"世界编译社"。此外，推广和扶助留法勤工俭学也是社务之一。

战争持续了数年，法国劳动力出现了严重短缺，开始招募大批华工。1916年3月，蔡元培、李石曾与和巴黎大学历史教授欧乐等中法两国教育界人士为开展华工教育，发起成立了华法教育会，蔡元培担任中国会长，欧乐任法国会长，李石曾任中方书记，吴玉章担任会计。

蔡元培希望以招募华工的方式，吸收知识青年赴欧，达到变相留学的目的。他在发起会上发表了《华法教育会之意趣》的演讲，表示："今者承法国诸学问家之赞助，而成立此教育会。此后之灌输法国学术于中国教育界，而为开一新纪元者，实将有赖于斯会。"

吴玉章在阐述华法教育会的组成和目的时说："此会为蔡、汪、李诸先生及旅欧同人联合法国学者所组织而成，其目的约有四端：一曰扩张国民教育，二曰输入世界文明，三曰阐扬先儒哲理，四曰发达

蔡元培与华法教育会人士合影

国民经济。"

蔡元培在《对于勤工俭学之通告》一文中提到，俭学会和勤工俭学会相继成立后："来法人数日益增多，同时，法国方面亦多注意中法两国文化之提携，为言欲达此种目的，非特设机关共同集议不可，于是始有华法教育会之组织，是华法教育会为两国文化事业之总机关，俭学会、勤工俭学会不过其事业内之一部分。"

随后，华法教育会受法国有关部门之托，开始派遣专员回国，到西南各省去招募华工。来法国的华工日渐增多，初到法国时他们往往面临语言不通、习惯不同、专业常识不足的各种问题。蔡元培和李石曾便于4月3日开办了略带师范性质的华工学校，蔡元培主持了入学考试，还编写了德育、智育讲义40篇，希望招收少数留法多年且有一定工艺经验的老华工入校学习，使他们获得系统的知识和教学方法，然后以所学的知识再去转授给新来的华工，帮助他们克服困难。

蔡元培等人在积极推动华法教育会期间，袁世凯政府也与法国建立了合作，双方签订了一个招募华工的条约，中方按照条约规定向法国输送大量人力，但袁世凯政府的招工条约对中国工人非常不利，经手人梁士诒只顾从中捞钱，根本不关心工人的利益。

蔡元培对此无法坐视不理，他亲自出面，费尽周折，为工人们争取权益。最终，他成功地让法国同意改订条约，同意中国工人和法国工人同工同酬，让工人们拿回了一些应有的权利。

袁世凯、袁克定父子还一直在试图拉拢海外的国民党人，其中也包括蔡元培。他们曾向李石曾、汪精卫、蔡元培三人寄出巨款，言称："三君现状颇窘，以此相助。"蔡元培不为所动。

1916年的盛夏，中国的政局迎来了新面貌，袁世凯病逝，黎元洪就任中华民国大总统。7月，范源濂再任教育总长，他要"切实实行（民国）元年所颁行的教育方针"，国内政局和教育前景出现了巨大转机。

9月1日，蔡元培收到了中国驻法使馆转来的电报，电报是由教育总长范源濂于8月26日发出的，其中的内容让蔡元培动了回国的心："国事渐平，教育宜急。现以首都最高学府，尤赖大贤主宰，师表群伦。海内人士，咸深景仰。用特专电敦请我公担任北京大学校长一席，务祈鉴允，早日归国，以慰瞻望。"

百年巨匠 Century Masters 蔡元培 Cai Yuanpei

第八章 赴任北大

第八章 赴任北大

　　1916年的北京大学，在国家的动荡中风雨飘摇。时任北大校长的胡仁源在9月份提出了辞职，北大一时群龙无首，陷入乱局。此时的北京大学，老师多是旧时官僚，只言八股，不识新学，学生多是王公贵族富家子弟，整个学校完全变成了势力集团的温床、官僚机构的养成所。面对种种问题，曾任北京大学校长的严复、何燏时、胡仁源等人因无力改变这种局面，先后递交了辞呈。面对学校棘手的教育状况，大家急切希望找到一位能够带领学校走出困境的校长。

　　谁会是北大校长最合适的人选呢？时任教育总长的范源濂向黎元洪建议，将蔡元培从欧洲请回，担任北京大学校长。二人一拍即合，范源濂便立即急电蔡元培，请他回国执掌北大。

　　1916年10月2日，年近五十的蔡元培携夫人、长女威廉、三子柏龄离法归国，经沪抵京。蔡元培依旧对中国的教育充满期待，心怀抱负，然而等待蔡元培的北大，此时却是学况堪忧，问题颇多。

　　从科举制度里走出来的蔡元培对北大并不陌生，北大作为中国高等教育的最高学府，从创立之日起就与时局一起激荡颠簸。北京大学创立于1898年，当时名叫京师大学堂，它的成立得益于戊戌变法维新运动。1898年，康有为上书光

《大学堂章程》（1898年）

绪皇帝："京师议立大学数年矣，宜督促早成之，以建首善而观万国。夫养人材犹种树也。筑室可不月而就，种树非数年不荫。今变法百事可急就，而兴学养材，不可以一日致也，故臣请立学，亟亟也。"

同年7月，光绪皇帝正式下令批准设立京师大学堂，梁启超起草了京师大学堂章程，表明办学方针："一曰中西并用，观其会通，无得偏废；二曰以西文为学堂之一门，不以西文为学堂之全体。以西文为西学发凡，不以西文为西学究竟。"

1912年辛亥革命之后，中华民国成立，京师大学堂正式更名为北京大学。然而时局动荡，教育事业也遭受摧残。1912年至1913年，北京大学先后经历了严复、章士钊、马良、何燏时和胡仁源五位校长。

到了1916年，北大虽然历经了清末新政、科举废除等大事，但教学成果一直平平无奇，乏善可陈，是一座苦闷又找不到出路的"太学"，科举时代遗留下来的"官本位"思想依然在教员和学生心中涌荡着，北大学生顾颉刚曾描述"那时学校像个衙门"。

为师者，不思教学，学问不大，架子不小，唯求混个闲职，谋得俸禄。专心做学问者，反而会受到排挤。求学者，多是官僚和大地主子弟，他们雇佣听差，上课起居例称"老爷"。学生们都有做官发财的思想，却无心学业，这所最高学府里存在着"探艳团""某公寓之赌窟"之类的地方。学生喝花酒，打麻将，多沉迷于鸦片酒巷，只顾吃喝玩乐。学生把上学当成入仕的跳板，对于教员，他们不问其学问浅深，只问其官阶大小，进而攀附取悦，只求谋得一官半职。学校里盛行着钻营之术"结十兄弟"，十个气味相投的学生结拜为兄弟，等到毕业之后，大家就一起钻营做官，谁的官大，其他九人就到他手下当科长、当秘书，"齐心协力，有福同享"。

许多有钱的教员和学生吃过晚饭后就直奔八大胡同，连妓院都在谈论"两院一堂,是最好的主顾"。两院指参议院、众议院,一堂指的就是京师大学堂。

蔡元培如果同意就任北京大学校长,将面临一系列不小的压力和挑战,他在《我在北京大学的经历》中回忆说:"我回来,初到上海,友人中劝不必就职的颇多,说北大太腐败,进去了,若不能整顿,反于自己的声名有碍,这当然是出于爱我的意思。但也有少数的说,既然知道他腐败,更应进去整顿,就是失败,也算尽了心;这也是爱人以德的说法。我到底服从后说,进北京。"

1916年12月26日,黎元洪签署简字第七百九十二号令:"任命蔡元培为北京大学校长。"任命经国务总理段祺瑞与教育总长范源濂附署生效。

1917年1月3日,国立北京大学贴出告示:"蔡新校长定于本月四日上午十时到校视事,此示。"

要把北大革新成为现代意义上的新式高等学府,必须先改造师生观念。那么怎么改?谁来改?改什么?关于这三个问题的最佳解决方案,蔡元培已经成竹在胸。

1917年1月9日,北京大学开学,蔡元培走进北京大学的礼堂,登上了讲台,开始阐述《就任北京大学校长之演说》:

"一曰抱定宗旨。诸君来此求学,必有一定宗旨,欲知宗旨之正大与否,必先知大学之性质。今人肄业专门学校,学成任事,此固势所必然。而在大学则不然,大学者,研究高深学问者也。"

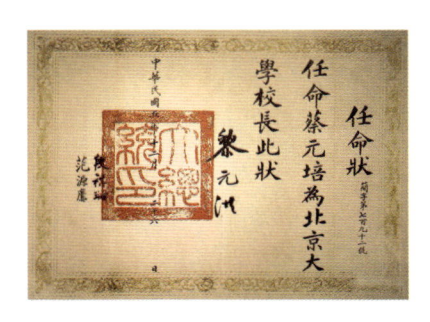

蔡元培任北大校长的委任状

"二曰砥砺德行。方今风俗日偷，道德沦丧，北京社会，尤为恶劣，败德毁行之事，触目皆是，非根基深固，鲜不为流俗所染。诸君肄业大学，当能束身自爱。然国家之兴替，视风俗之厚薄。流俗如此，前途何堪设想。故必有卓绝之士，以身作则，力矫颓俗。"

蔡元培

"三曰敬爱师友。教员之教授，职员之任务，皆以图诸君求学便利，诸君能无动于衷乎？自应以诚相待，敬礼有加。至于同学，共处一堂，尤应互相亲爱，庶可收切磋之效。不惟开诚布公，更宜道义相助，盖同处此校，毁誉共之。同学中苟道德有亏，行有不正，为社会所訾詈，己虽规行矩步，亦莫能辩，此所以必互相劝勉也。"

蔡元培在演说中反复强调，"大学乃研究高深学问之地"，告诫学生"品行不可以不谨严"，蔡元培的就职演讲切中时弊，这番掷地有声的言论，成为当时整顿北大校风校纪的重要宗旨原则。他认为，中国人只有培养出"健全之精神""独立之人格""自由之思想""革命之精神"的人，才能适应时代的发展，才能建设一个新中国。

蔡元培的金石之言感染着在场的所有北大学子，当时在北京大学外文系就读的罗家伦后来回忆说："那深邃、无畏而又强烈震撼人们心灵深处的声音，驱散了北京上空密布的乌云，它不仅赋予了北京大学一个新的灵魂，而且激励了全国的青年。"

1917年初的冬季寒风凛冽，但处处孕育着生机。蔡元培正式以北京大学校长身份重回中国的高等教育舞台，开启了这位教育家一生中最为辉煌的北大十年。

百年巨匠 蔡元培 Cai Yuanpei

第九章 教育革新

大学者，囊括大典网罗众家之学府也。蔡元培深知，一所大学要成为全国思想最为活跃、学术氛围最为浓厚的一流高等学府，拥有学术一流的教师至关重要。为了革新北大教师队伍，蔡元培以兼容并包的原则，不拘一格广求贤才。他选任北大教师的标准只有一个，就是教师本身的学术造诣。

蔡元培致力于把北大办成以文理科为重点的综合大学，文科学长和理科学长的人选就格外重要。1912年，严复担任校长时，格致科改称为理科，从欧美留学归来的夏元瑮教授担任理科学长。夏元瑮翻译并出版了爱因斯坦名著《相对论浅释》，是最早把爱因斯坦相对论介绍到中国来的人。蔡元培接任北大校长职位后，夏元瑮继续担任理科学长，而文科学长的位置一直悬而未决，要选何人担任，蔡元培慎重斟酌着。

医专校长汤尔和向蔡元培提到了《新青年》的创始人陈独秀，《新青年》高擎民主与科学的大旗，提倡新文化、新思想，标志着新文化运动的兴起。《新青年》主编陈独秀是"五四"及新文化运动的"总司令"，更是中国共产党的主要创始人之一。

蔡元培与陈独秀早在1904年就相识了，那一年蔡元培等人在上海相继组织成立爱国学社、军国民教育会、光复会等公开或秘密组织，积极从事反清革命活动。同年秋天，陈独秀加入军国民教育会的暗杀团，两人就认识了。蔡元培曾说："我对于陈君，本有一种不忘

《新青年》

的印象。"

　　蔡元培认真看了十余本《新青年》，深信编者"确可为青年的指导者"，由此确定了文科学长的人选。当他听说陈独秀恰好就在北京，住在前门外西河沿的中西旅馆时，他就立即动身，登门访贤。

　　陈独秀当时正为编书局招股的事来了北京，他白天为亚东图书馆和群益书社筹集资金而四处接洽，晚间看戏，每天都睡得晚，起得迟。

　　陈独秀知晓了蔡元培的来意后，婉言拒绝了他的邀请。但蔡元培并未放弃，那段时间里，他一连数日冒着风雪多次拜访陈独秀。与陈独秀住在一起的亚东图书馆主人汪孟邹在日记中写着："十二月二十六日，早九时，蔡孓民先生来访仲甫，道貌温言，令人起敬，吾国唯一之人物也。"两人首次见面时，蔡元培就"相与商定整顿北大的办法，次第执行"。在后面的时间里，"蔡先生差不多天天要来看仲甫，有时来得很早，我们还没有起来，他招呼茶房，不要叫醒，只要拿凳子给他坐在房门口等候"。

　　陈独秀曾和蔡元培共事过，对蔡元培的人格精神深为敬佩，但他一开始并不愿意出任北京大学文科学长一职，还提到了"要回上海办《新青年》"，因此无法来北京任职，婉拒了蔡元培的邀请。陈独秀显然更指望用《新青年》主笔的身份来影响国人，而非仅仅做一名大学教授。

蔡元培承诺陈独秀，让他把《新青年》一并带到北京大学。蔡元培年长陈独秀十几岁，在隆冬时节，仍不辞辛劳地反复登门拜访，更难得的是，蔡元培身为北大校长，还能如此礼贤下士，态度恳切，他的诚意深深打动了陈独秀。最终，陈独秀答应了蔡元培的聘请，带着他的《新青年》杂志一同加入了北大。

1917年1月11日，蔡元培呈报教育部，提出聘任陈独秀为北大文科学长："前安徽高等学校校长陈独秀品学兼优，堪胜斯任。"两天后，教育部根据蔡元培的呈请，发来第3号部令："兹派陈独秀为北京大学文科学长，此令。"

国学大师梁漱溟后来回忆说："陈（独秀）这人平时说话不讲方式，直来直去，很不客气，经常得罪人，因而不少人怕他，乃至讨厌他，校内外都有反对他的人。如果得不到蔡元培先生的器重、维护和支持，以陈之所短，他很可能在北大站不住脚，而无用武之地。"

在蔡元培的全力支持下，陈独秀主编的《新青年》杂志社顺利迁到北京，社址定在陈独秀的住所——北池子箭杆胡同9号。由此，《新青年》从一个"皖籍知识分子的同仁刊物"，成为"新文化运动"的重要阵地。陈独秀通过他主编的《新青年》杂志积极宣扬新思潮，"甘冒全国学究之敌，高张'文学革命军'大旗"。学校里形成了一个以《新青年》编者为核心的文化革新营垒，推动起了北大的文科革新。

不久之后，陈独秀向蔡元培推荐了《新青年》的投稿人、正在美国留学的胡适，到北大任教。蔡元培同意后，陈独秀立即致函胡适："蔡孑民先生已接北京总长之任，力约弟为文科学长，弟荐足下以代，此时无人，弟暂充乏。孑民先生盼足下早日回国，即不愿任学长，校中哲学、文学教授，俱乏上选，足下来此，亦可担任。学长月薪三百元，重要教授亦有此数。"

很快，因发表《文学改良刍议》而声名大噪的胡适成为北大的文科教授，曾在北大代课的钱玄同和《新青年》撰稿人刘半农也加入了北大，担任文科教授。周作人来到北大担任文科教授，讲授"欧洲文学史"等课程。国学大师刘师培成为文科教授，主讲中国中古文学史。李大钊在章士钊的推荐下来到北大，担任图书馆主任。24岁的无学历自学青年梁漱溟通过范源濂的介绍，慕名拜访蔡元培，以一篇《究元决疑论》获得了蔡元培的赏识，走上了北大讲坛，讲授印度哲学课程。

蔡元培对外广纳贤才，对学校原有的教师进行了严格审定，重新评估，对不够资格的教师分别予以解聘。高举保皇旗帜、脑后挂着一根小辫的辜鸿铭，因思想守旧，常被高举新文化运动旗帜的青年学生嘲笑，甚至有人说他这是文化复辟，呼吁学校开除辜鸿铭。蔡元培却反驳道："我请辜鸿铭，因为他精通英、德、法文与希腊文等，是学者更是智贤之士，绝不是政治上极端保守的顽固派。"

作为国学大师的黄侃是章太炎的大弟子，他国学根底深厚，为人狂放不羁，睥睨千古，对白话文更是不屑，钱玄同却极力倡导白话文。在北大的课堂上，学生们常常听到黄侃对新文化的批评声，他批评起同门师弟钱玄同来更是毫不留情。两人同时上课，教室相邻，黄侃骂声总会穿墙而过，钱玄同这边听得字字入耳，下面听课的同学都忍不住笑了起来，钱玄同却定力十足，站在讲堂上若无其事地继续讲新学新文化。

被北大留聘的知名教授除了辜鸿铭、黄侃之外，还有陈黻宸、陈汉章、康宝忠、沈尹默、马叙伦、沈兼士、马裕藻、朱希祖等人。

面对没有名气的优秀贤才，蔡元培也能力排众议，破格提拔。24岁的梁漱溟只有中学学历，他潜心佛学，酷爱儒学，又主张西学，蔡元培在读过梁漱溟所写的《究元决疑论》这篇文章后，就决定请他来北大讲授哲学。冯友兰、顾颉刚、朱自清等众多名家大师，当年都听过这位被誉为"中国最后一位大儒家"的先生的课。

在北京大学的课堂上，有新文化运动代表人物陈独秀、李大钊、鲁迅、胡适、钱玄同、刘半农等人，有政治保守、国学功底深厚的刘师培、黄侃、辜鸿铭等人，有留学归来的李四光、丁燮林、王抚五、颜任光、李书华、何杰、翁文灏、朱家骅等一批学者，以及法科领域马寅初、陈启修、陶孟和、周鲠生、王世杰等专业学者。此时的北大有了中国大学史上极其辉煌的名师阵容，这座大师云集的高等学府逐渐成为兼容并包、思想自由的学术圣地。

在蔡元培的主持下，北京大学为一批激进的民主主义者和共产主义知识分子提供了活动平台，也为新文化运动的蓬勃发展提供了优渥的学术土壤。

作为中国共产党主要创始人之一的李大钊，在1918年初应蔡元培之聘来到北京大学担任图书馆主任，月薪120块大洋。李大钊拿着高薪的酬劳，家里却穷得出奇，李大钊的夫人赵纫兰精打细算地操持着这个家，却常常因为没钱，要面对家中无米下锅的窘迫景象，她全然不知李大钊的钱都去哪儿了。

无奈之下，赵纫兰找到校长蔡元培。一经调查，蔡元培才搞清事情的原委。李大钊虽然收入颇丰，但他把大部分钱悄悄拿去做了党组

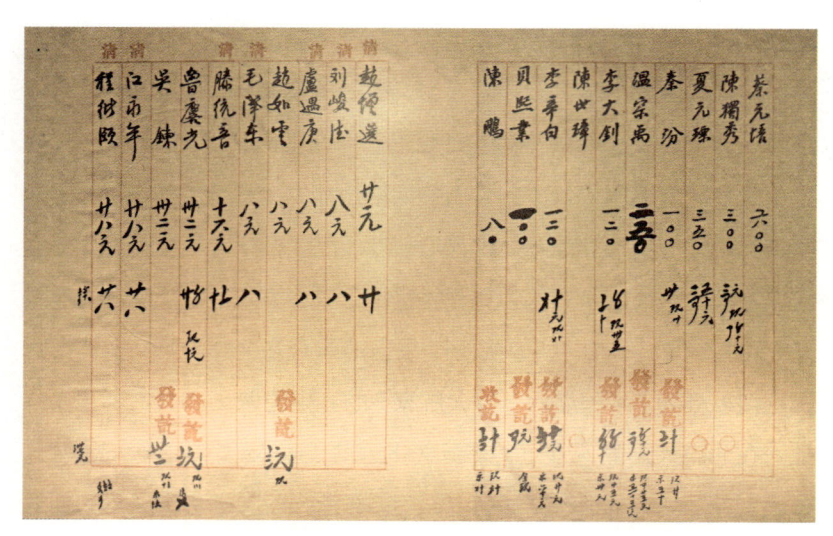

北京大学月薪底册，毛泽东月薪八元

织的活动经费，同时还资助了不少经济困难的青年学生和工友，最后留给家里的钱总是所剩无几。为了不让李家断炊，蔡元培破例对李大钊的家庭生活开支进行了干预，他嘱咐会计科，每月从李大钊的工资里拿出50块大洋，直接交给他的夫人，以保障李家的日常开支。

　　蔡元培的周到考量，让李大钊的家计生活得以安稳维持，也让李大钊得以全身心投入到马克思主义的研究当中，李大钊在陈独秀的《新青年》杂志上刊发了多篇介绍马克思主义的文章，承担起在中国传播马克思主义的历史责任，也为"南陈北李，相约建党"打下了坚实的基础。

　　李大钊主管北大图书馆时，救济的无数有志青年中有一个特别的职工，他就是毛泽东。毛泽东在年轻时没有选择出国留学，而是务实地留在了北京，在北京的日子过得十分不易。他曾回忆自己在北京谋生时的艰难境况："北京对我来说开销太大……非马上就找工作不可。我从前在师范学校的伦理学教员杨昌济，这时是国立北京大学的教授。我请他帮助我找工作，他把我介绍给北大图书馆主任，他就是李大钊……给了我图书馆助理员的工作，工资不低，每月有八块钱。"

李大钊以北大图书馆主任的身份向蔡元培提出了一份职位申请，最终为毛泽东申请下了图书馆助理员的工作，毛泽东也由此安心在学校开始了半工半读的生活。

蔡元培特别强调大学是为学问而求学的地方，在连续五年的北大开学典礼上他都强调这一点。对于学术不端的教授、学者，无论什么身份、地位，蔡元培都绝不姑息，坚决处理。为了彻底整顿北大的教学秩序，蔡元培辞退了一批学术水平低、教学态度不认真、聘期已过的外国教员，被辞退的外籍教员中尤以克德莱最为出名。

这位在北大讲授世界历史的英国教员，不但讲课效果不好，还常以粗暴的态度对待校役，公德和私德都与北大规矩不符，于是北大评议会决定辞退克德莱。

北大的辞退通知下发后，克德莱很不服气，找理由状告北大校长蔡元培毁约，并通过英国驻华公使朱尔典，向北洋政府和北京大学施

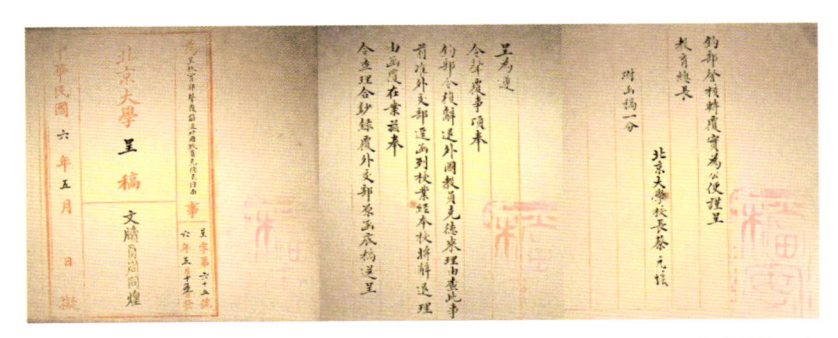

北大向教育部提交的辞退克德莱的呈文

第九章 教育革新

85

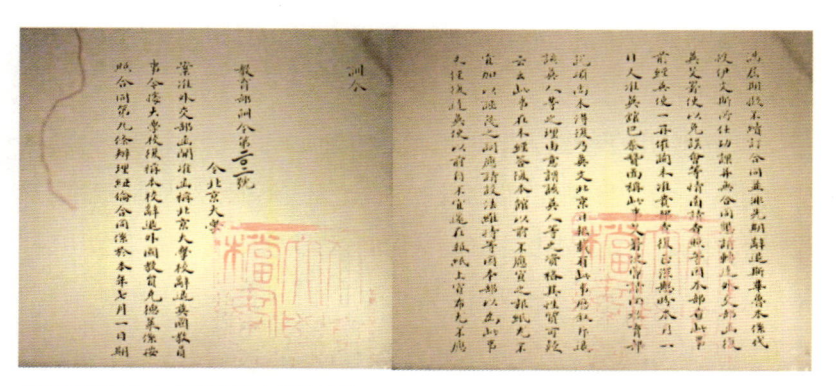

教育部批复北京大学辞退克德莱的信函

加压力，对北大解聘教员一事进行干涉。北洋政府的外交总长伍廷芳则顺从英方的诉求，要求蔡元培撤回解聘书，并赔偿道歉。

中国学校的内部事务，怎能任由他国侵犯主权！蔡元培坚决拒绝外国干涉北大聘任教授的内部事务，愤然回应："凡无学识，误人子弟之中外教员，一律开缺，永不延聘！"

由此，北大校史上"前所未有"的奇景上演了，北大组成了以陈独秀、李大钊、胡适、辜鸿铭为成员的教授团，新旧两派合作辩论，联手捍卫学校的主权。他们与英国公使朱尔典和被解聘的教授克德莱进行了激烈谈判，陈独秀严厉斥责英国政府无视中国主权、干涉中国内政，胡适引用北大校规据理力争，李大钊揭露克德莱等人教学水平低下、缺少师德、违反校规校训、违反签约的种种事实，辜鸿铭旁征博引国内外大学对不合格教授的解聘先例，证明解聘的合法合理性。

据《北京大学纪事》记载，蔡元培就辞退或期满不再续聘的外国教员克德莱一事，再次复教育部和外交部查询函，声明北大完全是"照章办事"。朱尔典、克德莱眼见外交施压无效，只好走诉讼程序。

蔡元培无惧此事诉诸法庭，他态度坚决地表示"若由教员涉讼，则情愿以鄙人为被告"。北大聘请了民国政府前司法总长王宠惠、北大教授张耀作为辩护律师。媒体舆论针对克德莱教学水平低下、缺少师德的报道陆续登出，引发了民众的热议，北大学生也团结一致，奋起抗议。被解聘的外籍教员彻底失了人心，在舆论的巨浪冲击下，英国公使朱尔典反过来指责克德莱为英国政府惹了麻烦，克德莱眼看官司无望，只好无条件撤诉了。

自1917年3月起，辞退的外籍教员还有燕瑞博、牛兰德、斯华鲁、伦特、纽伦等人，北京大学先后开除的不合格外籍教员多达二十多位。

网罗众多名家的同时，蔡元培在北大进行了学校领导体制的改革。担任校长三个月后，蔡元培就开始改变以往校长独揽校政的局面，全面推行教授治校的体制。

1917年秋，蔡元培开始在北大组建全校最高立法机构和最高权力机构——评议会。早在1912年10月，蔡元培担任南京临时政府教育总长时，就发布了《大学令》，其中第十六条至第十九条，就提出了大学应设置全校评议会及各科教授会，可惜当时却并未顺利实行。

作为北大前身的京师大学堂实行的是学监制，学校设有总监督，然后在各科分设监督，一切校务由总监督决策，在这样的管理体系下，学校就像衙门，各个监督人员也如同封建官僚。

1915年11月，北大也曾根据《大学令》建立了评议会，处理学校的行政事宜，但这个制度并没有很好地贯彻执行，学校的权力依然集中在少数人手里，学校的重大事务只由校长、学监主任几个人来审议，各科学长无法参与其中，最终还是形成了校长等少数人独揽大权的局面。

蔡元培在《回任北京大学校长在全体学生欢迎会上演说》中说道："我初到北京大学，就知道以前的办法是，一切校务都由校长与学监主任、庶务主任少数人总理，并学长也没有与闻的。我以为不妥，所以第一步组织评议会，给多数教授的代表，议决立法方面的事；恢复学长权限，给他们分任行政方面的事。但校长与学长，仍是少数，所以第二步组织各门教授会，由各教授与所公举的教授会主任，分任教务。"

评议会由校长、各科学长及教授代表组成，统领校政，评议会审定学校的各种章程条令，决定学科的废立，审核教师和学生的成绩，制定学校的预算和决算。学校所有的重大事务都必须经过评议会的审核通过。评议员按文、理、法、工各科的本科和预科分别推举出两人，由教授选举产生，1919年后改为每五名教授中可产生一名评议员，任期一年。校长为评议会议长，负责评议会的召集和主持，以及评议会的改选事宜。

在推进评议会的同时，蔡元培还在学校建立了各学科的教授会，负责规划和组织各科的教学活动。1919年，蔡元培进行了一项重要改革，废科存系。他提出："那时候我又有一个理想，以为文理是不能分科的。例如文科的哲学，必植基于自然科学；而理科学者最后的假定，亦往往牵涉哲学。从前心理学附入哲学，而现在用实验法，应列入理科；教育学与美学，也渐用实验法，有同一趋势。地理学的人文方面，应属文科，而地质地文等方面属理科。历史学自有史以来，属文科，而推原于地质学的冰期与宇宙生成论，则属理科。所以把北大的三科界限撤去而列为十四系，废学长，设系主任。"

北大在1919年采用分系制后，就改由各系成立教授会。各系的主任由教授会里的教授们互选产生，系主任负责规划本系教学工作，任期两年。1919年3月，北大准备成立统一的教务处，教务处由各系的教授会主任组成，教务长由各系教授会主任推选产生，协助校长领导全校的教学，第一任教务长为马寅初，任期一年。后来，顾孟余、胡适都担任过教务长一职。

1919年7月，学校设立行政会议作为最高行政机构和执行机关，行政会议由各专门委员会的委员长、教务长和总务长组成，校长兼任行政会议的议长。

李书华教授后来回忆起这一时期评议会的工作情景时说："我曾被选作过评议员，目睹开会时对于各种议案的争辩，有时极为激烈。"

蔡元培在北大进行了大刀阔斧的全面改革，逐渐健全了教授治校的领导体制，规范了教学制度，提高了职工的工作效率，在实际工作中，让大家有机会各抒己见，让北大形成了一种民主而自由的风气。

蔡元培曾在德国留学，熟悉德国的大学体制特点，德国大学的校长和各科学长每年均由教授会选举一次，相当于一年换一个校长，但学校的教学从来不受校长更换制度的影响。因此，蔡元培通过设立评议会、教授会这些行政机构来主管校务，将校长的权力下放，让教学的骨干人员进行自主管理，从而真正实现教授治校。

蔡元培在后来的五四运动中离开过北大两个月，他在《回任北京大学校长在全体学生欢迎会上演说》中提到："所望诸君此后，能保持自治的能力，发展自动的精神，并且深信大学组织日臻稳固，不但一年换一个校长，就是一年换几个校长，对于诸君研究学问的目的，是决无妨碍的。"

蔡元培在执掌北大期间，受政治环境影响，曾多次离开学校，而评议会及各种委员会等制度的健全和完备，使得蔡元培离校之后，学校校务不但没有陷入停顿,反而可以依照计划正常推行,这也充分证明教授治校这一制度的有效性,更展现出蔡元培治校的深谋远虑。

北大学生顾颉刚在《悼蔡孑民先生》一文中回忆道:

> 我是北大学生,在他没有当校长的时候已在那边了。那时的北大实在陈旧的很,一切保存着前清"大学堂"的形式。教员和学生,校长和教员,都不生什么关系。学生有钱的尽可天天逛妓院,打牌,听戏,校中虽有舍监也从不加干涉。学生有事和学校接洽,须写呈文,校长批了揭在牌上,仿佛一座衙门。蔡先生受任校长之后,立即出一布告,说:"此后学生对校长应用公函,不得再用呈文。"这一下真使我们摸不着头脑,不知这位校长为什么要这样的谦虚。稍后他又出版《北大日刊》,除了发表校中消息之外,又收登教员学生的论文,于是渐渐有讨论驳难的文字出来,增高了学术研究的空气。学生对于学校改进有所建议时,他也就把这议案送登《日刊》,择其可行的立即督促职员实行。这样干去,学生对于学校就一点不觉得隔膜,而向来喜欢对学生摆架子的职员也摆不成他的架子了。
>
> ……一校之内,无论教职员、学生、仆役,都觉得很亲密的,很平等的。记得蔡先生每天出入校门,校警向他行礼,他也脱帽鞠躬,使得这班服小惯了的仆人看了吐出舌头来。

1917年6月,蔡元培参加了上任北大校长后的第一场学生毕业典礼,他送给每位毕业生一条铜尺作为纪念,上面还刻有他对毕业学生的赠言:"各勉日新志,共证岁寒心。"

当时中国许多知识分子主张全面学习西方,以彻底改变中国的落后面貌。蔡元培请来新文化的代表人物陈独秀作为北大文科学长，也重用辜鸿铭这样的旧式学者，他不拘一格聘请名师，态度坚定地开除不合格教员。同时，他坚持推行评议会，在北大建立起了教授自治的管理制度，把自由和民主的治校氛围带来了北大。他通过在北大的教育改革，将中西文化进行有效的融合，制定出切合时宜的教育政策，让北大成为了一片纯粹的学术沃土，一所"囊括大典，网罗众家"、思想自由、兼容并包的一流大学。

百年巨匠 Century Masters 蔡元培 Cai Yuanpei

第十章 以美育代宗教

在蔡元培的教育思想里，五育教育是教学核心。军国民教育、实利主义教育、公民道德教育、世界观教育这四育里，美感教育穿插其中，成为连接其他四种教育的重要桥梁。蔡元培认为，美育会改变人们的情感，陶冶人们的情操，提高人们的修养，不能带来直接的教学效益，但能带来受益终身的隐形效益。

鲁迅在教育部工作时曾被蔡元培安排在夏期美术讲习班上讲授《美术概论》。1917年8月，鲁迅受蔡元培的邀请，为北京大学拟制校徽图案。他设计的校徽将"北大"二字以篆书的笔法写就，上下排列，突出了"以人为本"的理念，这个校徽沿用至今，其人文深意和美学理念影响着一代代北大学子，也是美育价值的最好诠释。

蔡元培在德国留学时攻读了许多哲学、美学的相关课程，他在莱比锡大学期间刚开始接触美学的相关理念时，就非常喜欢。他选修了多门美学课程，系统研究美学和美学史。学习之余，他还常常去参观当地美术馆、博物馆，练习钢琴和小提琴，观看大量的歌剧、话剧。他在《自写年谱》中回忆道："我于讲堂上既常听美学、美术史、文学史的讲演，于环境上又常受音乐、美术的熏习，不知不觉地渐集中心力于美学方面。"

"以美育代宗教"的思想正是始于蔡元培在德国莱比锡大学留学期间。1912年，蔡元

北大校徽

培首次将美育一词引入了中国，他说："美育的名字，是民国元年我从Asthetische Erziehung译出，为从前所未有。"蔡元培极为重视美育的价值和它对人的影响，他表示："美育者，子民在德国受有极深之印象，而愿出全力以提倡者也。"

德国有很多社会学者认为美育跟伦理道德密不可分，德国著名学者马克斯·韦伯（Max Weber）曾讲过，在今天这个相当知识化的时代里，一些东西的品评，根本上是一种道德判断，也是美学判断。

美学观念开始于18世纪的欧洲，鲍姆加登（Alexander Gottlieb Baumgarten）是美学创始人，到了康德时期，哲学体系主要分为三类：逻辑学、伦理学、美学。美学在哲学里占有一个特别的位置，因此，它可以变成科学的一部分，可以被请入大学，成为学生们研习的一门课程。

在传统的知识观里，求善的学问和宗教学问都已无法融通到科学知识里，它们不符合科学的精神，无法成为一个科学的科目，德国把宗教请出了大学，而中国把传统经学请出了大学。

蔡元培一直认为道德非常重要，宗教则主讲道德问题，宗教不能放入大学，但美学可以，美学可以变成科学知识的一部分，形成科学的美学知识体系。1917年4月8日，蔡元培在北京神州学会举行的讲演会上，正式提出了以美育来代替道德教育的思想理念，进行了《以美育代宗教说》的演讲：

"宗教之原始，不外因吾人精神作用而构成。吾人精神上之作用，普通分为三种：一曰知识，二曰意志，三曰感情。最早之宗教，常兼此三作用而有之。"

"于是宗教所最有密切关系者，惟有感情作用，即所谓美感。……然而美术之进化史，实亦有脱离宗教之趋势。例如吾国南北朝著名之建筑，则伽蓝耳。其雕刻，则造象耳。图画，则佛像及地狱变相之属为多。文学之一部分，亦与佛教为缘。而唐以后诗文，遂多以风景人情世事为对象。宋元以后之图画，多写山水花鸟等自然之美。……美育之附丽于宗教者，常受宗教之累，失其陶养之作用，而转以激刺感情。盖无论何等宗教，无不有扩张己教、攻击异教之条件。……宗教之为累，一至于此，皆激刺感情之作用为之也。"

《美育代宗教》（1917年）

"鉴激刺感情之弊，而专尚陶养感情之术，则莫如舍宗教而易以纯粹之美育。纯粹之美育，所以陶养吾人之感情，使有高尚纯洁之习惯，而使人我之见、利己损人之思念，以渐消沮者也。"

"美学之中，其大别为都丽之美，崇闳之美。而附丽于崇闳之悲剧，附丽于都丽之滑稽，皆足以破人我之见，去利害得失之计较，则其所以陶养性灵，使之日进于高尚者，固已足矣。又何取乎侈言阴骘、攻击异派之宗教，以激刺人心，而使之渐丧其纯粹之美感为耶。"

蔡元培一生没有太多著述，其中一本重要的成文著述，在德国留学期间完成，名为《中国伦理学史》，于1910年出版，成为中国近代伦理学领域的一部开山之作。

《中国伦理学史》从先秦讲到明清时期，蔡元培把一部中国的经学史写成了一部伦理学史，把修齐治平、内圣外王之道写成了一种伦理学。从个人和社会、个人和群体、个人和社会的维度上，用静水深流的笔触来重新解述经学史。比如说讲到墨子、庄子或孟子时，他会以近日流行的社会主义进行比照。这本薄薄的中国伦理学史，带着一个前清翰林、一个革命者、后来转化成为现代学者的一个教育人士的思考，是他对从小熟稔于胸的中国历史的整个思想体系的一次重新梳理和阐释，读者于无声处听惊雷。

蔡元培在《中国伦理学史》一书中提出"统摄诸德完成人格"，以此作为孔子所提的"仁"的定义。他多次在文章里专门谈到智育和美育，共同构成了德育，他的德育不是道德教育，而是文明的人格之养成。蔡元培从20世纪初就明确强调，今日之中国，最迫切的是文明人格之养成。这是一种成人之道。

蔡元培认为智育不只是学科智慧，智育还可以是什么？第一，辨析因果；第二，辨析利害。美育是什么？它是超越利害关系，让人不计得失，以热烈之情感奔赴之，英勇无畏地向前，从而激发出人们勇气、奉献等精神的一种情感教育。

智育和美育，一个是要计算利害，辨析因果，一个是超越利害，两者加在一起，就形成了德育。在蔡元培看来，美育的核心，一个是普遍性，一个是超越性。普遍性，如同天上的月亮，月映千江，无论种族和国别，所有人共享同一个月亮。超越性，便是超越利害得失，人对于事物萌生同情心和同理心，就可超越自身的利害算计。蔡元培曾提到"破人我之见，去利害得失"，指的就是美育的超越性和普遍性。

蔡元培后来在国立艺术院的开学典礼上谈论北伐，也谈到了法兰西军队和德意志军队昂扬的斗志和从容不迫的精神风貌，他认为军士们积极向上的状态都是来自感性教育，他们在感性教育之下有了英勇的精神，有了奔赴疆场的热情，有了报效国家的壮志，这就是美育。

《义勇军进行曲》《黄河大合唱》等歌曲激起了千千万万中国人

抗日的爱国之心，这也是美育，全民反抗压迫、追求独立的精神都可由美育激发出来，美育所覆盖的领域极为广泛，它可以从文学、音乐、戏剧、戏曲等艺术领域中影响人们的思想和情感，激发出从个人到整个社会群体的巨大精神能量。

蔡元培有一个基本的设定，人不是独立个体，而是生活在社会群体之中的一个成员。美育不但有利于建立完善的自我，还会由己及人，可以完善一个群体，乃至一个社会，一个国家。蔡元培要建立一个良好的社会，希望能通过美育实现人的自我建设，进而实现社会建设。蔡元培不只是致力于个人文明的人格养成，还想建立起一个更为和谐健康、安乐正向的社会。

蔡元培还有另一本重要的著作，即《中学生修身教科书》，这是一本给中学生看的修身教科书，总共五册，在蔡元培出国前，即1907年，已经出版了前三册。1908年蔡元培留学德国期间出版了后两册。《中学生修身教科书》的著书始于出国前，结稿于蔡元培德国留学时。

这套书"悉本我国古圣贤道德之原理，旁及东西伦理学大家之说，斟酌取舍，以求适合于今日之社会"。《中学生修身教科书》分为上、下两篇，上篇分为修己、家族、社会、国家、职业五章，重点阐述了实践伦理；下篇重点讲解了西方近代伦理学理论，比如良心论、本务论、理想论、道德论等。

一本《中学生修身教科书》，一本《中国伦理学史》，展露出了蔡元培的抱负和用心。

一些学者将世界分为现象世界和实体世界，实体世界是指超验世界，即是一个无法被完全理性认知的世界，现象世界则是指我们现实中的世界。蔡元培在这样一个复杂的二元体系的结构之中重新构造了中国人的道德生活和伦理生活，他希望在一个有智慧、有理性的

1920年，画法研究会合影

现代社会，构建一个感性、精神丰富的中国。因此美育就变得至关重要，以美育代宗教的关键就是沟通现象世界和实体世界。

蔡元培引申出一种"立于现象世界，而有事于实体世界"的审美超越之道，他认为在通过教育满足我们的物质世界的同时，还要注重构建人们的实体世界，希望人们遵循言论自由、思想自由的原则，不被某一学说所束缚。

1918年，蔡元培在北大成立了两个研究会，一个是"注意于新旧画法之调和，中西画理之沟通，博综究精，以发挥美育"的画法研究会，聘请了著名画家陈师曾、徐悲鸿、刘海粟来校讲课并指导学生学习；另一个是以"敦重乐教、提倡美育"为宗旨的北大音乐研究会，他聘请了音乐大师刘天华、肖友梅来北大任教。

蔡元培在《北大画法研究会旨趣书》一文中提到了他所创办的一系列研究会的本意："科学、美术，同为新教育之要纲，而大学设科，偏重学理，势不能编入具体之技术，以侵专门美术学校之范围。然使性之所近，而无实际练习之机会，则甚违提倡美育之本意。于是由教员与学生各以所嗜特别组织之，为文学会、音乐会、书法研究会等，既次第成立矣。"

1919年11月17日，《北京大学日刊》刊载了蔡元培在音乐研究会的一段演讲词，他提出："音乐为一种助进文化之利器，共同研究至高尚之乐理，而养成创造新谱之人才，采西乐之特长，以补中乐之缺点，而使之以时进步，庶不负建设此会之初意也。"

蔡元培常到各个学校演讲，宣扬美育的重要，他总以绘画和音乐并举，指出："教育并不专在学校，图书馆、研究所、博物院、展览会、音乐会、戏剧、印刷品都很重要。"

1918年，北大就开设了美学课，到1921年时，因学校一时没有教员讲《美学》课，蔡元培就亲自登台授课，《美学》这门课程是蔡元培主持北大期间亲自讲授的唯一课程。

蔡元培专门为《美学》课撰写了三份讲稿，一份是《美学讲稿》，着重阐述了美学的定义和试验法；第二份讲稿是《美学的趋向》，分为"主义"和"方法"两节；第三份讲稿是《美学的对象》，总共分为"对象的范围""调和""比例"三节。

学生蒋复理写下了《追念蔡先生》一文，收录在《蔡元培先生纪念集》中，他在文章中回忆起当年听蔡元培讲课时的情景：

> 他教的是美学，声浪不很高，可是很清晰。讲到外国美术的时候，还带图画给我们看，所以吾们听的很有味，把第一院的第二教室完全挤满了。第一院只有第二教室大，可坐一二百人，因为那个时候北大讲课，除了选这课的人上课之

北大二院大讲堂

外，任何人都可以去听，校外去听的就不少，真同巴黎大学一样。第二教室挤的连讲台上站满了人，于是没有法子，搬到第二院的大讲堂。这是从前公主府的银安殿，在第二院不专为理学院用的时候，做合班上课用的，那时刚刚修新，专作讲演之用。自从美学搬到大讲堂，接着有胡适之先生的"中国哲学史"，梁漱溟先生的"东西文化及其哲学"，多因第二教室不能容纳，搬到大讲堂。就我在北大的时间，用大讲堂的只有他们三位先生。所可惜的，美学搬到大讲堂不久，蔡先生出国去了，吾们的美学没有听完，可是那个时候的盛况宛在目前。

蔡元培在北大推行美育的过程中，还编写了《美学通论》，这本书开启了中国大学规范的美学教育和理论研究之先河。蔡元培指出：

"美育者，应用美学之理论于教育，以陶养感情为目的者也。"

他积极提倡学生加强在音乐、书法、绘画上的修养，以丰富学生的文化艺术生活，通过音乐、美术等美的教育来陶冶学生们友爱互助等思想品德。

福楼拜曾提出："科学和艺术，在山脚下分手，在山顶上相会。"科学和艺术在山脚下分手，用各自的方式去攀登着同一座山，这座山叫做世界。科学和艺术只有在高处才能相通，但它们爬的是同一座山。所有的失败都是因为它们没达到高处，没在世界观的意义高度上，也没在更高的视野上看待问题，科学和艺术在低层次里彼此无法融通，两者彼此工具化，科学技术化，艺术工具化，这就抛弃了世界观的意义，也是科学和艺术很难在低层次上合作的原因。

尼采曾说："让我们用艺术的眼光看待科学，用生命的眼光看待艺术。"艺术和科学在世界观的意义上，共同理解世界，共同建构社会，建构个人。

尼采在19世纪提出了"上帝已死"，而上帝所留下的那片空白应由艺术来占领。因此，尼采提出一种艺术形而上学，上帝已死，神学退场，而那片人的精神世界的空白应该由艺术形而上学去占据和支撑。这与蔡元培"以美育代宗教"的思想有某种契合。尼采主要针对自我、个人的拯救，而蔡元培则是由个人的自我完善关联推演到了社会的宏观建设。

1919年，蔡元培写下了一篇文章，名为《文化运动，不要忘了美育》，他专门提到一个城市的街道上应有绿化，应有广场，广场上还要有雕塑和建筑。城市中要设美术馆、剧院、博物馆，即便是广告，也要有美感，人们日常所接触的事物都应有美的身影或者美的力量。蔡元培的美育不仅是美术教育，不仅是培养几个专门的创作人才，还是让社会在美育的滋养下，萌发出真正的创造力，推动社会乃至国家的整体发展和进步。

蔡元培把美育和德育、智育、体育并列，称之为"四育"，他认为培育学生的"健全的人格"，这四育同等重要，不可偏废。他的美学思想和"以美育代宗教"的主张，承载着他对于挽救国家危亡、振兴文化的期望，普及美育成为蔡元培一生的学术追求和教育志向。

百年巨匠 蔡元培 Cai Yuanpei

第十一章 学术争鸣，百花齐放

20 世纪初，中国正处在社会变革和文化转型的时代漩涡中，在"西学东渐"的进程中，"科学救国"成为这一时期的时代主题，在这样的背景下，中国的教育也逐渐开始了现代化转型。

蔡元培为中国的大学奠定了一种基础典范。首先，他对"大学的功能和目的"做出了新的解释，认为大学应该是研究高深学问的地方，大学生应该以研究学术为志向。史学家吕思勉先生较早提到"研究"这个词，现在的人们都能明白"研究"就是探索学问，而在当时的社会，这还是不被人们熟知的一个全新概念。蔡元培认为大学的主要职责是教会学生创新知识，研究学问，研究学理，大学的功能也由此变得不同了。

蔡元培在莱比锡留学时，翻译过一篇题为《德意志大学之特色》的文章，并将文章发表了在 1910 年的《教育杂志》上。这篇文章是当时著名哲学家包尔生的名著《德国大学与大学学习》的序言。包尔生在书中比较了德国、英国和法国大学的特点，指出德国的大学"为研究科学之实验场，而一方且为教授普及专门知识高等学科之簧舍，此为德国大学之特质。能使研究教授融合而一"。

中国两千多年来设立有太学，并非大学。像国子监这些太学也培养高等人才，但学生主要学习的是四书五经，太学的功能是传道授业解惑，只是灌输固定的知识，教育人们怎么样建立人与人之间的道德伦理，构建道德社会，并没有创新知识的功能。

一个国家的发展程度受益于大学里的学术研究程度，大学的功能应是创新知识和教育人才并重，而不只是灌输知识，一所合格的大学应培养学生的健全人格，培养学生的创造力。

其次，蔡元培认为大学是讲知识的地方，教育应该创新知识，那知识的本质是什么？科学知识最主要的目的是求真，蔡元培把科学放到了大学里的核心位置，科学的知识就是一种新的知识。

西方国家经历了两次工业革命，走过三四百年的工业化道路后，经济飞速发展。在1820年以前，中国的GDP能占到全球的20%到30%，属于世界领先。直到1840年的第一次鸦片战争和1860年的第二次鸦片战争，中国的国门被迫打开，国人才开始意识到自己和这个飞速发展的世界已有了很大的差距。

在1870年的那段时期，清政府派出留洋考察团，开始睁眼看世界，大家考察回来之后逐渐形成了一个主流意识，要向西方学习先进技术。清朝末年，一些青年学者、仁人志士不约而同地走上了科学救国的道路。

蔡元培去德国，接触到世界最先进的大学教育，那时的德国教育模式已是世界性的。蔡元培认为北大的教学应与德国的大学去比，跟德国比就是跟全世界最先进的大学比。中国的教育应跨越国界进行世界性的全面交流，才能不脱节，应以现代化的教育模式与世界先进国家保持学术共进，逐渐成为世界大学的一部分。

中国在过去有科学的发明，但没有科学这门学科，过去我们把四书五经等"经学"放在学术的核心位置，经学虽然奠定了中国的传统文化，是中国古典文明的一个核心，但现代文明已经发生了变化，开始转由现代化的科学来主导。

蔡元培决心把北大改造为一个真正发展科学、创新科学的地方，采取了一系列措施来提升北大的专业学术水准。一项重要教学改革就是创办研究所，培养研究生。

蔡元培认为"凡大学必有各种科学的研究所"，他开始主持北大后，特别指出："我那时候有一个理想，以为文、理两科，是农、工、医、药、法、商等应用科学的基础，而这些应用科学的研究时期，仍然要归到文理两科来。所以文理两科，必须设各种的研究所。"到了1917年底，北大成立了文、理、法三科研究所，这些研究所成为当时中国高校最早成立的学术研究机构。

按照研究所的规定，凡本校毕业生都可以志愿加入研究所，高年级学生获得研究主任认可后就能进入研究所。与本校毕业生有同样学历程度的学者，经过校长同意，也可志愿入所研究。上述条件都不具备的学者，在校长或研究主任的特许下，可作为通信研究员进行研究工作。研究所不做年限的规定，凡符合规定的学生，都可以自选研究科目进行研究。

1918年初，学校的各研究所共有研究员148人，通信研究员32人。冯友兰、叶圣陶、范文澜等人都是这一时期的研究员。到了1921年12月，北大的文、理、法三科研究所合并，学校准备在研究所下设立自然科学、社会科学、国学和外国文学四门学科。由于教学经费和人力条件的限制，学校到1922年时也只开办了一个国学门，研究对象包含中国的文学、语言学、史学、哲学、考古学等专业。

当时的北大除了研究所之外，还设有国史编纂处。国史馆撤销后于1917年6月并入了北京大学，改为国史编纂处，蔡元培兼任处长。而国史馆移交北大时，除了一块木牌、几包卷宗以外，没有一篇有关国史的材料。蔡元培亲自筹划编纂工作，聘请叶瀚、屠寄、张相文、刘师培等史学系教授分任负责人，拟订了颇具规模的编纂计划，分为通史、民国史两部。编纂工作从二十四史等原始史料做起，每月出具工作报告，由蔡元培亲自校阅。

蔡元培为学生提供研究高深学术的机会之外，还为学生研究学问创造了各种有利条件。他重视图书馆，整顿扩充实验室，还积极筹集款项，购买大量新书，做到"典籍满架，自可旁稽博采，无虞缺乏矣"，这为学术和科学研究提供了非常好的物质条件。

李大钊担任图书部主任期间，北大的图书馆有中文图书二十多万册，西文图书二万多册，日文图书一千多册，其中包含学校购进的一批马克思主义经典著作和介绍社会主义学说的书籍。

此外，蔡元培也为学生创造出国深造的机会，多年之前，美国退回了中国赔偿过多的庚子赔款，但美方提出这笔退回的"庚款"要用来帮助中国发展教育事业，要求中国政府每年派一百名学生到美国去接受教育。当初用以向美国派送留学生的游美肄业馆便是后来的清华学校。蔡元培也向教育部提交了一份出国留学的学生名单，申请在这些庚款留学名额中增加北大的人选。

1918年5月，《北京大学日刊》登载了蔡元培提交给教育部的呈文，蔡元培在呈文中提出："今者大学虽设有研究所……然创办伊始，诸多简略，欲与欧美抗衡，今日尚不足以语此。故欲求国家富强，促学术发达，资遣学生留学，实为当务之急，不可一日缓也。"

"本校向有派送学生之成例。前清光绪二十九年十一月，资遣学生三十一名赴日留学。……三十三年二月，复派师范毕业生八名赴英、法、美三国留学。自民国成立，国库奇绌，派生之举，因而停止。……兹为国家前途计，为本校毕业各生前途计，拟请钧部咨商外交部，就清华学校原定留学名额之上，每年酌增二十名，专备本校派遣毕业学生留学美国之用。"

蔡元培为了让北大尽快与世界前沿学术接轨，聘请校外的专家来学校开讲座，繁荣学术活动。同时，他还极力邀请国外的著名学者来学校开展国际化的学术交流。北大先后聘请了美国的杜威、英国的罗素、印度的泰戈尔、法国的班乐卫、苏联的耶尔朔夫，还有量子力学创立人普朗克等学术大师来校讲学。

1921 年，蔡元培到欧洲考察教育时，去了巴黎的镭锭研究所，拜访了发现镭元素的科学家居里夫人。居里夫人希望中国的科学昌明繁荣，强调中国也应该建立镭锭的研究机构，并提议研究机构最好设在北京，因为那里的环境清静，不像巴黎，嘈杂又有污染。蔡元培深感其"质朴诚恳"，极力邀请她在当年暑假去美国访问之时，顺便到中国来讲学。居里夫人欣然同意，可惜她后来因假期短暂，没能成功来华，但她答应了日后还会积极争取时机，再次访华。

蔡元培访问居里夫人一个星期后，就与夏元瑮、林宰平在柏林访问了爱因斯坦。蔡元培同样盛情邀请爱因斯坦来中国讲学，爱因斯坦接受了邀约，还细细询问他来华讲演时要使用哪种语言，他自称英语太差，想用母语。蔡元培答应了他的用语形式，并承诺会为他配备德语翻译，夏元瑮就能作为译者之一。

一年后，一个好消息传到中国，爱因斯坦提前通过中国驻德公使与蔡元培取得了联系，提出要来北京大学讲学。1922 年秋，爱因斯坦应邀先到日本讲学，再去中国讲学半月。然而中方以各团体联合名义发出的联合邀请信，在往返协商的过程中耗费了大量时间，导致爱因斯坦在日本等了五个星期，仍未接到中方的正式邀请信件。爱因斯坦误以为此行作罢，就延长了访日时间。直到 12 月 22 日，爱因斯坦收到了蔡元培的信，才解除了其中的误会。

爱因斯坦在写给蔡元培的信中说道："虽然非常愿意来北大讲学

且从前有郑重的约言，而我现在不能到中国来，这于我是一种莫大的苦痛。我希望先生见谅，倘使我现在能到北京，我的兴趣将如何之大。如今我切实希望，这种因误解而发生的延误，将来再有弥补的机会。"

爱因斯坦的访华虽然没能实现，却依旧极大地影响了北大的学术氛围。1922年11月到12月，北京大学举行了爱因斯坦学说公开演讲，夏元瑮主讲了《爱因斯坦之生平及其学说》，丁燮林主讲了《爱因斯坦以前之力学》，还有其他学者主讲《相对各论》《非欧几里特的几何》《旧观念之时间及空间》《相对通论》《相对论与哲学》等内容。同时，北大还组织了相对学说讲演会和研究会，介绍和研究爱因斯坦的相对论。

除了居里夫人和爱因斯坦，蔡元培在德国还拜访了著名哲学家、诺贝尔文学奖获得者倭铿，他还通过张君劢与法国哲学家柏格森取得联系，邀请来倭铿和柏格森这两位学者访华。后来，倭铿又推荐了德国哲学家杜里舒来华讲学。

1922年，苏联盲人诗人爱罗先珂被日本政府视为社会主义宣传者，日本当局将他驱逐出境，他的祖国俄国也不许他入境，他就在1921年底来到了上海。蔡元培得知后，邀请他来北大讲《世界语与文学》，月薪二百元。蔡元培还与鲁迅、周作人商量，征得了兄弟二人的同意，请爱罗先珂暂住在他们家里，以便更好地照顾他。

这一年，日本进步学者福田德三来到北大，作了题为《马克思主义的几个基本观念》的讲演。他在介绍马克思主义学说时，批判了日本对外侵略的帝国主义行为，指出意图侵略中国的只是少数日本军阀，并不代表日本人民的意志。

越来越多的外国学者来到北大进行讲学和交流，美国生物学家柯

北大举行授予班乐卫和儒班名誉博士学位仪式

脱讲《进化论之现在》《植物学为国家之富源》，美国的山格夫人讲《生育制裁》，瑞典美术史博士西冷讲《东西洋绘画的要点》，德国汉学家卫礼贤讲《葛德的传略》。

1920年8月，北大举行了一场意义重大的学位授予典礼，开创了中国大学以学位授予外国人的先河，为当代数学大家、原法国教育总长、国务总理班乐卫和法国里昂大学校长儒班两人颁发理学名誉博士学位。

蔡元培在学位授予典礼的开会词中说道："北京大学第一次授与学位，而受者为班乐卫先生，可为特别纪念者有两点：第一，大学宗旨，凡治哲学、文学及应用科学者，都要从纯粹科学入手。治纯粹科学者，都要从数学入手。所以各系次序，列数学为第一系。班乐卫先生为世界数学大家，可以代表此义。第二，科学为公，各大学自然有共通研究之对象。……北京大学既设在中国，……对于中国特有之对象，尤负特别责任。班乐卫先生最提倡中国学问之研究，又可以代

北大举行授予杜威、芮恩施名誉博士学位仪式,前排左二至左四为杜威、蔡元培、芮恩施

表此义。"

两个月后,北大对刚从外地回到北京的美国哲学家杜威和驻华公使芮恩施两人分别补授了哲学博士名誉学位和法学博士名誉学位。这次对班乐卫、儒班、杜威、芮恩施四人的学位授予是北大的又一个创举,也是北大成为世界性大学的重要一步,中国的大学与世界的学术交流是双向的,中国要把国外的前沿知识请进来,也应把中华文明传送出去。

蔡元培积极扶植社团活动,鼓励学术争鸣,学校里的各种社团纷纷成立,其中影响较大的有雄辩会、新潮社、国民杂志社、马克思学说研究会、社会主义研究会、平民教育演讲团、哲学研究会等团体,还有地质研究会、孔子研究会、雄辩会、数理学会、书法研究会、技击会、平民教育讲演团等,其中进德会、新闻研究会、学术讲演会和书法研究会都由蔡元培组织成立。

蔡元培曾提出:"德育实为完全人格之本。若无德,则虽体魄智力发达，适足助其为恶，无益也。"他在《北京大学日刊》登载了《北京大学之进德会旨趣书》，发起成立了进德会。进德会的会员分为三种，甲种会员规定：不嫖、不赌、不娶妾；乙种会员规定：于前三戒外，加不作官吏、不作议员二戒；丙种会员规定：于前五戒外，加不吸烟、不饮酒、不食肉三戒。进德会以培养高尚道德为宗旨，反映出中国知识分子"道德救国"的真挚愿望。

学校成立了新闻学研究会，成为学界系统研究新闻学的一个创举。蔡元培曾感慨"欧美各国，科学发达，新闻界之经验又丰富，故新闻学早已成立。而我国则尚为斯学萌芽之期"。民国以来，全国的新闻报纸虽然急剧增多，但"惟其发展之道，全恃经验，如日官僚之办事然。苟不济之以学理，则进步殆亦有限"。

1918年7月，蔡元培草拟了团体章程，刊登在了《北京大学日刊》上，团体以"灌输新闻智识，培养新闻人材"为宗旨，取名"北京大学新闻研究会"。10月，北京大学新闻研究会正式召开了成立大会。蔡元培出席并发表了演说，被选举为新闻研究会的会长。

新闻研究会的每个星期都有导师讲授两小时的《新闻学》，会员以北大学生为主，校内外的学者都可以加入其中。三个多月后，研究会正式定名为"北京大学新闻学研究会"，突出了新闻学研究的特点，宗旨也修改为："研究新闻学理，增长新闻经验，以谋新闻事业之发展。"1919年4月，北大正式出版了《新闻周刊》，对一周的新闻"为系统之记载，下公允之评论"。

北京大学新闻学研究会成为当时国内唯一传播新闻知识的刊物，该会前后存续约两年，成为这一时期影响极大的知名社团之一。

蔡元培与校内外的一些学者发起成立了学术讲演会，希望引起众人求学问道之心，振兴学术。他邀请高校教授和专业学者担任讲演员，通过分期讲演来激发国人研究学术的兴趣，矫正"教者以沿袭塞责，而不求新知；学者以资格为的，而不重心得"的弊病。

北大师生共同组织的学术研究会曾多次主办讲演会，讲演分为会内（专为本会会员）和公开（面向校内外）两种形式。各系教授会、学会也经常组织学术讲演活动，讲演内容有专题学术报告，也有普及性的知识介绍，涉及哲学、政治、经济、史学、文学、教育等各个方面，校内外学者如梁启超、章太炎、钱玄同、陈启修、李大钊、马寅初、陶行知、周作人、李四光等人都积极参加了学校的学术讲演活动。

雄辩会是学校规模较大的一个社团。1917年11月，原预科研究文法修辞的文学会扩充改组成雄辩会，同时发行了《劝学》杂志，雄辩会的宗旨是"修缮辞令，发展思想"，会员均须练习演说和辩论，每半月举行一次演说和辩论常会，每学期开一次雄辩比赛大会。1918年1月，该会举行第一次辩论会，辩题为"科学与宗教之消长"，最终支持"科学发达必然导致宗教消亡"的一方获胜，蔡元培也十分赞同这种观点。

当时，北大的辩论活动盛行，著名史学家周谷城曾幽默地回述北大和清华学生之间火热的辩论场面："当时我还是个学生，我们三个北大学生跟清华学校三个学生对辩。辩论三小时。辩论题约好，清华出一个，我们出一个，请蔡先生决定。蔡先生看到我那个题非常高兴，选了我的题：'人类社会中不应有单独的知识阶级'。这场辩论，我想题是我出的，又是蔡先生老人家选下的，这下肯定万无一失，可以得胜。但结果我失败了。当时评判员三人，胡适之为其中之一。辩论三个小时后，请胡适之宣布结果。他先讲了一大堆好话，他说正方（即主张不应有知识阶级）讲的有道理，反方讲的也有道理。但是他宣布我失败了，说反方组织上好一些，正方在这一点上差一些。失败了

马克思学说研究会合影

不算数，就是失败的一方要向胜利的一方握手、言欢。"

1920年3月，马克思学说研究会在李大钊的指导下开始组建，这是中国最早学习和研究马克思主义的一个团体。同年10月，北京共产党小组在北大红楼成立，这个组织有力推动了马克思主义在中国的传播，为中国建立全国统一的共产党组织创造了条件。

1921年7月1日，中国共产党成立，马克思学说研究会打算在《北京大学日刊》上登出一则重要启事。学生们为此去找蔡元培寻求支持，蔡元培听完学生们的汇报后，同意并积极支持登载。1921年11月7日，《北京大学日刊》登载了启事："本会叫做马克斯（今译"马克思"）学说研究会，以研究关于马克斯的著述为目的。""对于马克斯派学说研究有兴味的和愿意研究马氏学说的人，都可以做本会底会员……"

一些守旧派开始阻挠研究会的发展，他们向蔡元培提出异议，还对蔡元培说出"今后学校不得太平了"的言论。蔡元培却顶着反对派的压力,出席了马克思学说研究会的成立大会,并在会上发表了演讲。马克思学说研究会公开成立以后,蔡元培又批准了两间房子给研究会做活动场所,一间做办公室,一间做图书室。也正是有了蔡元培在精神和物质上的大力支持,马克思学说研究会才得以公开活动,继而发展壮大。

理科的地质学会(开始称地质研究会)成立于1920年10月,是北大理科中最早建立的一个学会。地质学会的"公启"明确提出:"我们的志愿,是本共同研究的精神,求地质上的真理","就我们的学力所及提倡地质学,引起社会上对于地质的注意"。地质学会组织开展了许多活动,如征集标本,开办矿石室和图书室,举办地质展览会,邀请李四光、王烈、翁文灏等教授编著地质学、古生物学方面的专论,还出版了《国立北京大学地质研究会年刊》,这份刊物是我国地质学方面最早的出版物之一。

蔡元培十分重视学术刊物,刊物既能为研究者提供发表论著的园地,还能促进学术研究。学校的社团和学会大多有自己的刊物,其中《新潮》《国民》《少年中国》《新闻周刊》《国故》《数理杂志》《音乐杂志》等刊物在社会上都有很大影响。

蔡元培认为大学教育重在启发学生研究的兴趣和求知欲,1918年,学校为了让师生们"提起学理的研究心",且有"交换知识之机会",开始发行《理科大学月刊》。蔡元培在《法政学报周年纪念会演说辞》中说:"有了学报,学生必要发布议论,断不能抄讲义,必要于人人所知的讲义以外求新材料,就不能不研究学理了。"

1917年11月,学校创办的《北京大学日刊》刊载着学校的重要纪事,兼载文艺、学术稿件,内容丰富,有很高的纪实价值、文化价值和学术价值。到了 1918 年 9 月，蔡元培鉴于"日刊篇幅无多，且半为本校通告所占，不能载长篇学说，于是有月刊之计划"。1919 年 1 月，学校正式创办《北京大学月刊》，该刊物成为中国大学最早的学报。蔡元培在发刊词中写下了他的兼容并包的教育主张："大学者，'囊括大典，网罗众家'之学府也。"

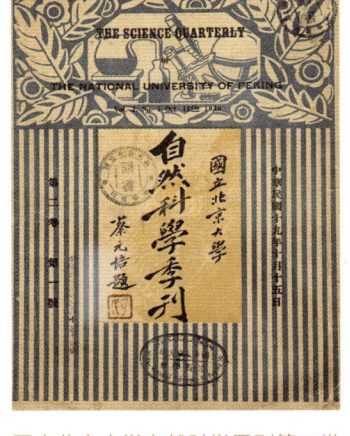

国立北京大学自然科学季刊第二卷第一号

1922 年，蔡元培提议以研究所的四个学科为基本，每一个学科开办一种杂志，后来学校评议会议决，计划出版自然科学、社会科学、国学和文艺四种季刊，由校长在全校教授、讲师中延聘编辑员，分别组成四种季刊编辑委员会。

《社会科学季刊》和《国学季刊》发表过李大钊的《桑西门（Saint-Simon）的历史观》《孔道西（Condorcet）的历史观》，高一涵的《唯物史观的解释》，陈大齐的《认识底理论的意义》，陈翰笙的《苏联的农业》，周佛海的《马克斯的劳动价值说》等学术文章。学报的创办，破除了学生"专己守残之陋见"，提高了学生的研究兴趣，为师生们提供了更多发表作品的言论阵地。

除了学术刊物之外，北大师生创立和推行的其他刊物，逐渐呈现出了百花齐放的盛况。1917 年 1 月，胡适在《新青年》杂志上发表了新文学运动中的一篇极为重要的文章——《文学改良刍议》。2 月，陈独秀高举文学革命的旗帜，在《新青年》上发表了《文学革命论》。自 1918 年起，《新青年》上发表的文章开始全部改用白话文。1918 年

8月，鲁迅在《新青年》上发表了第一篇白话小说《狂人日记》，引发思想文化界的强烈反响。随后，鲁迅又陆续发表了《孔乙己》《药》等白话小说，为新文学树立了典范，也奠定了中国现代文学的基石。

12月，陈独秀和李大钊创办了时评政论性质的刊物《每周评论》，主要刊登介绍和评论国内外形势的文章，文章短小精悍，却精准而鲜明地宣传着反帝反封建的进步思想。

1918年12月3日，顾颉刚、傅斯年、徐彦之等一批北大文科学生成立了新潮社。他们常在一起闲谈，认为北大正在逐渐成为新思想、新学术的策源地，而北大的学生应该创办一份刊物，来宣扬学校的新精神，激发学者研究学术的兴趣。由于经费短缺，他们就向陈独秀寻求帮助，陈独秀表态："只要你们有办的决心和长久支持的志愿，经济方面，可以由学校负担！"

随后，新潮社及其刊物《新潮》得到了蔡元培的赞赏和支持，蔡元培同意学校每月从拮据的经费中拨出两千元，为刊物垫付印刷费，学校的出版部还兼办了刊物的后续发行。

蔡元培亲自为《新潮》题写了刊名。《新潮》以"介绍西洋近代思潮，批评中国现代学术上、社会上各问题为职司。不取庸言，不为无主义之文辞"，以批评的精神、科学的主义、革新的文辞为三种"原素"，倡导"文学革命"和"伦理革命"。《新潮》杂志成为当时影响最大的学生刊物，在反对封建文化的思想斗争中起了极为重要的作用。

1918年5月，北京各个学校的学生进行了反对中日军事密约的爱国斗争，虽然未有成果，但北大等校的学生联络天津、上海、湖南等地的学生，联合组成了学生救国会。为了加强联系和扩大宣传，他们成立了国民社，出版了《国民》杂志，李大钊担任《国民》杂志的总顾问，这份杂志以反对日本帝国主义的宣传为主，具有鲜明的反帝爱国色彩。

1919年1月，《新潮》与《国民》同时创刊，刊物宣传新思想新文化，批判旧思想、旧道德、旧文化，引领了国民思潮和爱国精神，产生了巨大的社会影响。

在良好的学术环境中，一大批优秀人才脱颖而出，各学科领域中的开山之作先后问世。胡适写的《中国哲学史大纲》成为中国第一部用现代学术方法系统研究中国古代哲学史的著作，孙云铸所著的《中国北部寒武纪动物化石》成为中国的第一部古生物学专著，徐宝璜写的《新闻学》被蔡元培誉为新闻界的"破天荒之作"。

经过改革的北大，如同百家争鸣的先秦时代，学风丕振，声誉日隆。蔡元培的学生蒋梦麟写道："北大在蔡校长主持之下，开始一连串重大的改革。自古以来，中国的知识领域一直是由文学独霸的，现在，北京大学却使科学与文学分庭抗礼了。历史、哲学，和四书五经也要根据现代的科学方法来研究。为学问而学问的精神蓬勃一时。保守派、维新派和激进派，都同样有机会争一日之短长。背后拖着长辫、心里眷恋帝制的老先生与思想激进派的新人物并坐讨论，同席笑谑。教室里，座谈会上，社交场合里，到处讨论着知识、文化、家庭、社会关系和政治制度等问题。"

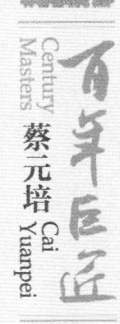

百年巨匠 蔡元培 Cai Yuanpei

第十二章 五四运动

1918年11月，德国宣布投降，第一次世界大战以同盟国失败、协约国胜利而宣告结束。德国侵占山东青岛17年，作为战胜国的中国政府也应邀派出专使参加巴黎和会，举国上下都在期待中国的外交获得前所未有的成功，蔡元培与汪大燮等人组成了国民外交协会，致电出席"和会"的中国代表，要求其据理力争，一举收回先后被德国、日本侵占的山东主权，然而谁也没有料到，"公理战胜强权"只是国人的幻想。

这次和会完全被美、日、英、法、意等国操控，旨在重新分割殖民地和划分各国的势力范围。1919年4月29日，英、美、法三国会议议定了和约的有关条款，"和约"竟然规定要把德国在山东攫取的利益转让给日本。中国以战胜国的身份却得到了战败国的待遇，巴黎和约关于山东问题的条款，是对中国主权的公然侵犯，更是对中国民族尊严的肆意践踏！

5月2日，蔡元培召集学生班长和代表一百余人在北京大学的饭厅开会，他讲述了巴黎和会帝国主义互相勾结，牺牲中国主权的情况，指出这是国家存亡的关键时刻，号召大家一同奋起救国。

5月3日，蔡元培通过汪大燮得知，北京政府已经密电中国专使在巴黎和约上签字。他立即将消息告知了北大学生、《国民杂志》社的许德珩以及《新潮》社的罗家伦等人，同时，他还与王宠惠、叶景莘以北京欧美同学会的名义急电中国首席代表陆徵祥，劝诫其切勿在和约上签字。

北大学生很快发出通知,将于5月3日晚在北大法科大礼堂召开全体学生大会。当天晚上,除了北大的一千多名学生之外,还有北京高等师范、高等工业专门学校、农业专门学校等12所学校的学生代表前来参会。

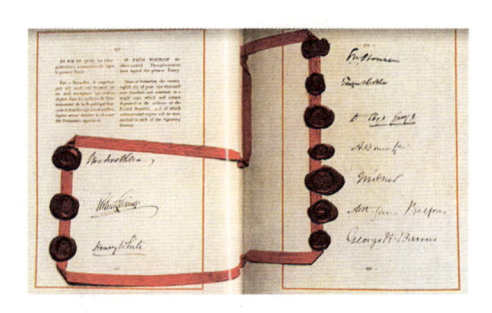

巴黎和约上的签字

北大法科学生廖书仓担任全体学生大会的临时主席,大会开始后,北大新闻学研究会讲师邵飘萍先报告了巴黎和会上的情景,面对中国山东问题交涉失败的结果,他向参会者大声疾呼:"现在民族危机系于一发,如果我们再缄默等待,民族就无从挽救而只有沦亡了。北大是最高学府,应当挺身而出,把各校同学发动起来,救亡图存,奋起抗争。"

法科学生谢绍敏当场咬破中指,写下了"还我青岛"的四字血书。全场激愤,大会当场通过四项决议:第一,联合各界一致奋起力争;第二,通电巴黎专使,坚持不在和约上签字;第三,通电各省于五月七日国耻纪念日举行爱国示威游行;第四,定于次日(五月四日)齐集天安门举行学界大示威。学生们纷纷将身上所带的银圆、铜板、戒指、钢笔、手表等财物掷到台上,以此筹措游行的经费。

当天晚上,北大的学生们一夜没睡,通宵筹备第二天的示威游行爱国运动。他们用竹竿做旗子,长的做大旗子,短的做小旗,在旗子上写着振聋发聩、警醒国人的标语:"收回山东权利""惩办卖国贼""拒绝在巴黎和会上签字""内除国贼,外抗强权""中国是中国人的中国""废除二十一条""抵制日货"……

北大学生即将出发之前，教育部代表和京师警察厅勤务督察长汪鸿翰等人闻讯赶来，试图阻拦学生的游行运动，学生代表和他们经过数次理论，仍旧不被允许离校，学生们只好采取强硬措施，强行冲破阻拦，快速整队，向天安门方向进发。

政府对北大学生的游行之事进行了紧急讨论，有人主张对学生进行抓捕甚至格杀，也有人主张独办校长蔡元培，还有人主张解散北大，意见不一，争论激烈。最后，政府命教育部责令蔡元培立即召回学生，不许学生游行，干涉政治。

蔡元培一直以来对学生参加政治活动是不赞成的，他在《我在北京大学的经历》一文中明确表示："我对于学生运动，素有一种成见，以为学生在学校里面，应以求学为最大目的，不应有何等政治的组织。其有年在二十岁以上，对于政治有特殊兴趣者，可以个人资格参加政治团体，不必牵涉学校。所以民国七年夏间，北京各校学生，曾为外交问题，结队游行，向总统府请愿；当北大学生出发时，我曾力阻他们，他们一定要参与；我因此引咎辞职，经慰留而罢。"

但这次请愿游行，蔡元培有了完全不同的态度。他接到教育部的电话后，直接回复："学生爱国运动，我不忍制止。"随即挂了电话。在整整一天的时间里，蔡元培没有离开北大半步，也没有进食，就这样守着北大，揪心地听着北平城里四处响起的阵阵爱国呼声。

当天，北京政府教育部下令严禁学生游行集会，还发出严正声明："本部为维持秩序，严整学风起见，用特切实通令各校，对于学生，当严尽管理之责。其有不遵约束者，应即立予开除，不得姑宽。"

5月4日下午，北京十几所学校的三千多名学生，从四面八方汇集到了天安门。学生们举着大大小小的旗子，高喊着旗上的口号！

"收回山东权利""惩办卖国贼""废除二十一条""抵制日

五四运动学生游行

货""宁为玉碎，勿为瓦全"……

学生们在天安门前召开大会，会议通过了北大学生起草的《北京学生界宣言》，随后他们又发出了《北京全体学界通告》。大会结束后，爱国学生冲破反动军警的阻挠，开始游行，他们决定直奔外国使馆区东交民巷，直接向帝国主义者示威。

游行队伍达到东交民巷时受到了强力阻拦，转而奔向"签订二十一条卖国条约"的卖国贼曹汝霖的住地。随后，他们火烧赵家楼，殴打藏身在曹宅的驻日公使章宗祥。反动军警闻讯赶来，逮捕了32名学生，其中就有许德珩、易克嶷、杨振声等20名北大学生。

蔡元培内心赞许学生的爱国举动，且以极大的热情来保护学生，但学生们因爱国运动而停止课业是他所不愿看到的，至于焚宅殴人的"越轨之举"更在他的意料之外。

当天晚上，蔡元培参加了北大学生在三院礼堂召开的大会，准备和他们共同商讨如何营救被捕同学。蔡元培以安静、祥和的姿态走进会场，他的从容也让学生们不安和躁动的情绪很快稳定下来。蔡元培上台对大家说："现在不是你们学生的问题，是学校的问题，不只是学校的问题，是国家的问题。被捕同学，我去保出来。你们可以散会。"

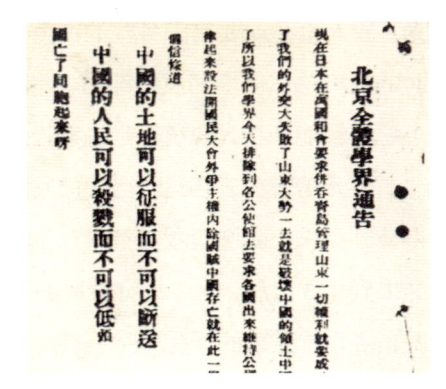

1919年5月4日当天发布的《北京全体学界通告》

学生们听从蔡元培的指示，随之散去。蔡元培离开学校后，当夜直接去了一位姓孙的老前辈家中，孙老是当权者段祺瑞平日最敬重的一个人，蔡元培就想请求孙老去向段祺瑞说情。五四运动影响太大，孙老对此深表犹豫，蔡元培就坐在他的会客室里，从晚上九点坐到了十二点，孙老也十分无奈，他劝蔡元培先回家休息，明日他会去试试。

5月5日下午2点，蔡元培和北京13所高校的校长在北大开会，他在会上表示："学生的行动，为团体之行动，即学校之行动，决定只可归罪校长，不得罪及学生一人。"参会者一致认为五四运动是多数"市民运动，不可让被拘的少数学生负责，若指此次运动为学校运动，亦当由各校校长负责"。

大家纷纷表示愿以各校校长的身份待罪，蔡元培甚至提出"愿以一人抵罪"。他们当即成立了以蔡元培为首，包括医专汤尔和、高师陈宝泉、中国大学姚憾、农专金邦正、工专洪镕为代表的校长团。

校长团先去了警察厅，总监吴炳湘借口说抓人是出自国务院的命令,放人也必须要有国务院的命令。随后,校长团又赶去教育部,当时的教育总长傅增湘没在部里,他们只好再去国务院和总统府,但国务总理钱能训和大总统徐世昌都没有接见他们。

蔡元培曾在五四运动当晚的营救大会上劝告学生要照常上课,免得节外生枝,徒增营救被捕学生的困难。学生们当时表示同意复课,结果到了5日晨,北京政府教育部又明令各校校长查明游行学生的情况,将为首滋事的学生一律开除。5月5日起,北京各大学校又掀起了罢课风潮。

5月6日,以蔡元培为首的14所高校校长在北大开会,中午过后,蔡元培带领校长团又去了教育部,这次,教育总长傅增湘同意向国务总理钱能训进行商洽。

蔡元培不顾教育部的高压,与教务长马寅初、工科学长温宗禹等人联名在6日的《北京大学日刊》刊出《校长启事》,明确表示:"为要求释出被拘留诸同学,鄙人愿负完全责任。"

青年学生的义举得到了社会各界的广泛同情,社会名流从革命先行者孙中山先生到民社党的林长民,都通电呼吁学生无罪。国民外交协会的汪大燮、林长民、王宠惠等人纷纷呈文保释学生。

五四运动后,学生还抱着再接再厉的示威决心,政府也保持着不肯善罢甘休的态度。当时,全国的政局一直处在严重动荡的局势中,临时国会的参众两院在广州的议员有了趁此倒阁之势。段祺瑞亲日派势单力薄,如果坚持一直镇压学生,必将引起更大的风潮,导致政权的全盘失败。

到了晚上,蔡元培又率领校长团到警察厅,他们和总监吴炳湘争辩了很久。而明日就是"五七"国耻纪念日,北京学生和社会各界准备召开国民大会,反动派担心因此酿成激变,后果将不堪设想,反动

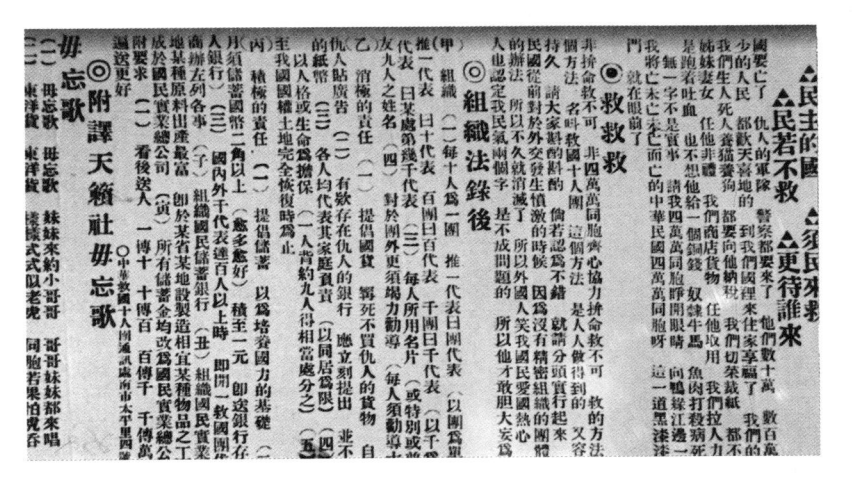

社会各界声援被捕学生

当局在审时度势之下最终作出了妥协。

总监吴炳湘提出了保释被捕学生的两个条件：一是明日不准学生参加国民大会，二是各校学生从明日起一律开始上课。蔡元培以身家作保，当即承诺了这两个条件。

当天晚上十点多，蔡元培等几位校长来到了北大的校长室，他们叫来了罗家伦等五个学生，告知了吴炳湘的放人条件。有的学生表示："昨天才决议罢课，明天便要复课，乃是办不到的。"

罗家伦细想之后说："现在如果尽让同学们关在里面，也不成事，况且我们这一次有放火及殴伤等重大情节。"随后，他又问几位校长："若是我们明天复课，他们不放人，怎样办？"

蔡元培回应说："我们可以用生命人格为担保，而且吴炳湘也曾发誓过'如果复课而不放学生，我吴炳湘便是你们终身的儿子'。"

由此，在当天夜里，罗家伦等人就分成了五队，火速去通知全体同学。第二天，北京各大学先后复课。

蔡元培迎接保释学生回归校园

　　5月7日，被捕的32名学生全被释放，各个学校都准备了汽车来警厅欢迎学生们回校。将近十点钟，汽车接上学生一起到了北京大学，再各自回了学校。

　　蔡元培带领北大的师生们在校门列队迎接受苦多日的爱国学生归来，许德珩回忆起当时的情景："当我们出狱由同学们伴同走进沙滩广场时，蔡先生是那样的沉毅而慈祥，他含着眼泪强作笑容，勉励我们，安慰我们，给我们留下了极为深刻的印象。"

　　五四爱国运动随着工商阶层的参与，终于实现了拒签和约，罢免曹汝霖、章宗祥、陆宗舆的目标。陈独秀评价说："五四运动是中国现代社会发展之必然的产物，无论是功是罪，都不应该专归到那几个人；可是蔡先生、适之和我，乃是当时在思想言论上负主要责任的人。"

　　对于蔡元培来说，教育是一项事业，为国家种下学术的种子、革命的种子，是他对国家最深切的告白。为了保护学生，保全北京各高校，他在 5 月 8 日向北京政府总统徐世昌、教育总长傅增湘提交了辞呈，他在辞文中说："窃元培自任国立北京大学校长以来，奉职无状，久思引退。适近日本校全体学生又以爱国热诚，激而为骚扰之举动，约束无方，本当即行辞职，徒以少数学生被拘警署，其他学生不忍以全体之咎归诸少数，终日皇皇，不能上课，本校秩序，极难维持，不欲轻卸责任，重滋罪戾。今被拘各生业已保释，全体学生均照常上课，兹事业已告一段落。元培若再尸位本校，不特内疚无穷，亦大有累于大总统暨教育总长知人之明。谨竭诚呈请辞职，并已即日离校。一切校务，暂请温宗禹学长代行。敬请大总统简任贤者，刻期接任，实为公便。"

蔡元培在营救学生期间就已宣称"现职必辞，而非俟各学生一律安宁无事，决不放手"。如今，学生们已经无恙，学校诸事皆安，蔡元培也就没了牵挂。他提出辞职的第二天清晨，就离开北京，去了天津。

蔡元培辞去北大校长一职，让北大师生极为震惊，他们立即联合北京教育界发起了"挽蔡"运动，要求政府挽留蔡校长。北大全体学生已于 9 日派代表前往教育部，递交了呈文，他们在呈文中强烈表明了"挽留蔡校长"的坚定态度："决议全体停课待罪，无论何种谴责，甘受无辞，若令校长得留，则生等虽去校之日，犹怀补过之思……伏乞万勿允准辞职。"

10 日午后，北大职员段子均从天津带回了蔡元培的一封信。

蔡元培在信中写道："仆深信诸君本月 4 日之举，纯出于爱国之热诚。仆亦一国民，岂有不满于诸君之理。惟在校言校，为国立大学校长者，当然引咎辞职，仆所以不于 5 日提出辞呈者，以有少数学生被拘警署，不得不立于校长之地位，以为之尽力也。……至一面提出辞呈，一面出京，且不以行踪告人者，所以避挽留之虚套，而促继任者之早于发表，无他意也。……惟恐诸君或不见谅，以仆之去职，为有不满于诸君之意，故特在途中匆促书此，以求谅于诸君。"

北京中等以上学校的学生联合会决定"各校推出代表一人齐至天津挽留蔡校长"。北大全体教职员推举了马叙伦、马寅初、李大钊、徐宝璜等人为代表一起去教育部，请求教育总长傅增湘挽留蔡校长，傅增湘也当即表明了自己诚恳挽留蔡校长的态度。

5月10日，教育部发布了第221号批令："此次蔡校长辞职出京，本部已去电并派员挽留，该生等务当照常上课。"教育总长傅增湘因对蔡元培表示同情和挽留，不同意严厉镇压学生，遭受了政府机关的一些责难，他亦愤然于11日离开教育部，由次长袁希涛暂时代理教育总长的职位。

当北大全体教职员的代表询问傅增湘"总统、总理的意见"时，傅总长沉默了片刻，只说总统、总理的意见，他并不深知。于是，北京各个高等学校的教职员在北大召开了联合会议，各校校长、教职员在起草的"挽蔡"呈文上纷纷签字，继续上书政府。

身在天津的蔡元培被一位友人问到了辞职"何以如此坚决"，5月13日，北京《晨报》刊登了一篇名为《由天津车站南下时的谈话》的文章，文中提到了蔡元培辞职的真实原因。蔡元培向友人回忆起5月8日午后，有一位与政府较熟络的朋友好意警示他："君何以尚不出京？岂不闻焚烧大学、暗杀校长等消息乎？"

蔡元培回答："诚闻之，然我以为此等不过反对党恫吓之词，可置不理也。"

对方继续劝他："不然，君不去，将大不利于学生。在政府方面，以为君一去，则学生实无能为，故此时以去君为第一义。君不闻此案已送检察厅，明日即将传讯乎？彼等决定，如君不去，则将严办此等学生，以陷君于极痛心之境，终不能不去。如君早去，则彼等料学生当无能为，将表示宽大之意，以噢咻之，或者不复追究也。"

蔡元培认为这位朋友说得很有道理，好在他的辞呈早已预备好，于是当晚就送了出去。第二天一早，蔡元培就匆匆离校，以此保全无辜的学生。

同时，蔡元培还提及了辞职的另一个原因，他对天津的友人说道："我尚有一消息适忘告君。八日午后，尚有见告政府已决定更换北京大学校长，继任者为马君其昶。我想再不辞职，倘政府迫不及待，先下一令免我职，我一人之不体面尤为小事，而学生（或）不免起一骚动。我之急于提出辞呈，此亦其旁因也。今我自行辞职，而继任者又为年高德劭之马君，学生又何所歉然、而必起骚动乎。我之此去，一面保全学生，一面又不令政府为难，如此始可保全大学，在我可谓心安理得矣。"

5月14日，面对广大师生和全国舆论的强大压力，徐世昌不得不以大总统的名义发出了挽留蔡元培的指令："该校长殚心教育，任职有年。值兹整饬学风，妥筹善后，该校长职责所在，亟待认真擘理，挽济艰难。所请解职之处，着毋庸议。"

教育总长袁希涛担心蔡元培再次拒绝，第二天又密电了蔡元培的学生黄炎培，请他出面劝说："政府留蔡指令已发表。直辖各校长，亦多允仍任职。蔡公已否过沪？倘对于挽留一节，遽仍表示决绝，则风潮难息。牵连教育大局，深可危虑。"

6月5日，北京政府竟批准了蔡元培的辞呈，第二天，徐世昌发布大总统令，正式任命胡仁源担任北京大学校长。消息一经发布，便引发北大学生的强烈抗议，面对学校和社会各界的舆论压力，胡仁源很快离开了北大。

蔡元培在《自写年谱》中客观解析了这一事件的原委:"不意政府任命马(其昶)君之事并未实现,而谋攫取北大校长之地位的是胡君仁源。胡君曾为南洋公学特班生,有哲学思想,文笔工雅,我甚器重之。后来留学英国,习工科,以性近文哲的学生肯习工艺,尤为难得。民国五年,任北大工科学长,并代理校长。余到北大后,仍请任工科学长,而彼不愿,遂改聘他人。以曾经代理校长的人来任校长,资格恰好。但推戴胡君的人,手段太不高明。他们一方面运动少数北大学生,欢迎胡君;一方面又发表所谓"燃犀录",捏造故事,丑诋我及沈尹默、夏浮筠诸君,于是激起大多数北大学生的公愤,公言拒胡,并查明少数迎胡之同学而裁制之;胡君固不敢来,而政府亦不愿再任他人,乃徇北大教职员及学生之请而留我。"

7月9日,蔡元培终于同意回归北大,再任校长。几位学生代表来到杭州迎接蔡校长回校,在一个小巷子的屋里见到了蔡元培。蔡元培针对五四运动向学生代表们进行了一番谈话,他提到学生在此次运动中唤醒国民,掀起全国的爱国思潮,作用重大,但牺牲了学业,代价也不轻。青年救国,不可单凭一腔热情,主要应靠学识才力,因而目前应当力学报国。

蔡元培在回校之前,电告北大学生:"自今以后,愿与诸君共同尽瘁学术。"他希望尽快重建学校秩序,全力进行学术文化建设。他怀着这样的愿望,于9月中旬回到北京,重主北大校政。

"五四"的烽火点亮了中国新民主主义革命的道路,"五四"精神、北大精神在这一年的五月留下了深刻、鲜明的爱国印记,它们镌刻进校史,熔铸进校魂,书写出北大人不忘家国使命的精神篇章。蔡元培带领北大的学子在激浊扬清的教育斗争中,开辟着中国救亡图存的革命道路,他在这场浩大的爱国运动中,始终践行着他所说的"读书不忘救国,救国不忘读书"。

百年巨匠 Century Masters 蔡元培 Cai Yuanpei

第十三章

教育平等

1918年1月的一天，有个学生向蔡元培写信，反映了第一宿舍丙字号工友何以庄的情况。何以庄勤于职守，业余好学，文理通达，只因家中贫寒而被迫废学。这位好心的学生就向校长建议帮扶困难之人，对他们量才施用。蔡元培非常触动，很快就把何以庄调到了文科教务处，安排他从事缮写工作，还增加了他的月薪。

　　蔡元培曾说："人人都是平等的，从前只有大学生可受大学的教育，旁人都不能够，这便算不得平等。"他多次强调教育的目的"是帮助被教育的人，给他能发展自己的能力，完善他的人格，于人类文化上能尽一分子的责任"。

　　蔡元培认为一个人但凡有求学之心，就应当拥有同等学习的机会。随后，他在写给学生们的一封信中，鼓励赞扬了好学上进的精神，提出了筹办校役夜班的计划。他在信中说道："昔郭林宗于旅舍中躬自扫除；美国大学生间有于晨间执洒扫之役，或午晚间为人侍膳者；日本大学生间有于课余散报纸或拉人力车者。为贫而役，本非可耻。一校之中，职员与仆役，同是作工，并无贵贱之别。不过所任有难易，故工赀有厚薄耳。惟何以庄既文理清通，不可没其所长，已调入文科教务处，任缮写之务，酌增月给，籍以励其为好学之诚，而欢成诸君之美意。且本校对于校役，本有开设夜班之计划。他日刻期开课，尚须请诸君及其他寄宿舍诸君分门教授，必为诸君所赞成。因何以庄事而联想及之，并以闻。"

北大校役夜班开学典礼

　　蔡元培坚定教育平等的办学理念，提倡平民教育。1918年4月14日，北大的校役夜班正式开办，全校工友230多人，身着长衣，胸佩花朵，齐集文科第一教室，参加开学典礼，这在北大的历史上是破天荒的创举。

　　蔡元培认为校役夜班有两大益处：一是"有益于现在之地位"，二是"有益于他种职业之预备"。蔡元培在开学典礼上说："一种社会，无论小之若家庭，若商店，大之若国家，必须此一社会之各人，皆与社会有休戚相关之情状，且深知此社会之性质，而各尽其一责任。故无人不当学，而亦无时不当学也。……本校职员，皆自励于学；学生，则职员助之为学，惟诸位独无就学之机会，未免偏枯，此所以有夜课之设。"

　　这一年，蔡元培提出了一项新改革，学校的学术活动和课堂教学都可向社会公开，除了正式学生以外，学校还可招收一定数量的旁听生、选科生，这种旁听生制度能让更多人接受高等教育。

　　旁听生不必专习某一学科，学校也不规定他们的修业年限，旁听生的审查标准只要求他们"有最小限度之学力"，"经关系学科教员面试认为确有听讲学力"，就可以和正式学生一样有听课的机会，而学校并不为他们颁发毕业证书。

选科生是指选修一定科目的非正式学生，所选功课考试合格后，他们就能获得各科颁发的修业证书。若选科生的各种应有考试都能及格，也可获得毕业证书。

在蔡元培的倡导下，北大允许办了手续的旁听生和没办手续的偷听生共处一堂，他们有的是慕名而来听某教授的课，有的是早已长期和本科生一起听课学习，学生们共同学习，课堂氛围热烈而和谐。教室里常常座无虚席，没有位子的学生就站在教室门口或窗户下面，每一个听课的人都求知若渴，每一次课都让学生们受益良多。各类听课学生为了共同的求学目的齐聚一堂，为北大注入了教育平等的新气息。

在中国近当代文化名人里，毛泽东、沈从文、周建人、曹靖华、柔石、杨沫、李苦禅、许钦文、成舍我、孙伏园、冯雪峰、丁玲、金克木等人都曾是北京大学的旁听生。

1920年，在蔡元培的大力支持下，学生会教育股创办了平民夜校，也称平民学校。最初招收的四百多名学生大多是附近的平民子弟，学校实行男女合校，由学生会教育股具体管理。

1月18日，平民夜校在北大的法科礼堂举行了开学典礼，当天出席典礼的除了学生及学生家属外，还有蔡元培、陈独秀等受邀前来的嘉宾，共有七八百人之多。

蔡元培在典礼上发表了演讲："今日为北京大学学生会平民夜校开学日，此事不惟关系重大，也是北京大学准许平民进去的第一日。从前这个地方，是不许旁人进去的；现在这个地方，人人都可以进去。从前马神庙北京大学挂着一块牌，写着，学堂重地，不得擅入，把他看作全国最高的学府，只有大学学生同教员可以进去，旁人都是不能

北京大学平民教育演讲团会员合影

进去的。这种思想,在北京大学附近的人,尤其如此。现在这块匾已经取去了。"

蔡元培还生动地讲道,一个人不但愁着肚子饿,而且怕脑子饿。大学生看见许多弟弟妹妹肚子饿,固然难过,但看见他们脑子饿,也很难过。写封信要请人写,看信要找人念。有手而不能用,有目而不能见。人没有学问,不认识字,是很苦的一件事。他开办平民夜校,就想让学生们能像肚子饿了一样去求知,成为有学问的人。

平民夜校从管理到教学的各项工作,都由北大的学生义务担任。他们开办了高小班、国民班和特别班。高小、国民两班与普通小学相近,学生多为贫民及其子弟,他们无力升学,而这个班的教学目的不为升学,只为让他们可以直接应用知识,因此,这两个班的教材偏重于地理、历史、国语、算术计算法等。特别班则具有课外补课的性质,分为甲、乙两部,甲部相当初中前三学期,乙部相当初中后三学期,学生大多来自中学。

学校对学生实行分科制，让学生不受年级的限制进行学习，一个学生的不同课程可在不同年级学习完成，学校还规定教学以"启发"为原则，以"谈话"为方式，必须打破"注入式"和"演讲式"的生硬教学模式。

曹靖华在《回忆蔡元培先生》一文中写道："他在北大时办学民主，首倡学校为社会开门，教授为社会服务的作风，是最值得纪念的。他在北大时，社会上的各行各业人士都可以进入沙滩红楼（北大）听课。那些求知欲望甚为强烈，但由于贫困而上不起学的青年，诸如商店的营业员、工厂的学徒等，都可以随意进入北大讲堂听课，学习文化知识。这在中国教育史上是空前绝后的。"

蔡元培的平民教育主张，已体现出义务教育和社会教育的属性，极具开创意义。当时的北京大学在这样的学术环境里逐渐形成了教学平等的学习氛围，学校教职员、学生、校工和校外人员都热烈投入到知识的世界里，教育面前人人平等的理念在北大蔚然成风。

蔡元培在早年宣传民主革命思想时，就反对重男轻女的旧习，他提倡男女平等，认为女权必须扩张，半数的女同胞获得平等地位以后，中国的国力能增加一倍。欲令人人受教育，当以女学为最重要。1920 年，北大开始招收女生，成为震动教育界乃至全国的一大创举，首开大学教育男女同校的先河。

蔡元培创办于上海的爱国女学校，是我国最早以灌输革命思想为宗旨的一所女校。学校以培养女性从事革命事业为目的，教授女子法国革命史、俄国虚无党历史等内容。早在民国初年，蔡元培担任教育总长时，就在颁布的《大学令》中提倡过男女同校，可惜未能在当时实行。

1917 年 9 月 14 日，蔡元培写下一篇《读寿夫人事略有感》，他在文中说道:"二十年前,女子求入学校而不得,岂女子之罪!且教育亦岂仅限于学校,自然现象,社会变态,格言故事之流传,模范人物之亲炙,学校以外,随在皆受教育。吾辈固深望女学大兴,学校教育能普及于人人,然决不能于普及以前,举一切未入学校之人,悉以为未受教育而鄙夷之。且方今社会组织……家庭状态尚未能骤然革新,男女分工之习……尚不能破除,所谓女子教育之学校,尚未能大轶乎良妻贤母之范围。然则得一贤良之妻母,安忍以其未受学校教育而轻视之。"

1917年12月,蔡元培、李石曾等人在北京的华法教育会的会址上创办了北京孔德学校,这是一所以法国实证主义哲学家"孔德"命名的中学,蔡元培担任校长。学校招收北大教员的子女为主要学生,在孔德学校的高小实行了男女同班的制度,蔡元培的长女蔡威廉就在这所学校上学。

在当时的社会,初等小学虽然实现了极为少数的男女同校,高等小学的男女同校依旧很难推行,更不用说高等教育。女子受高等教育的机会本来就少,推行男女同校,更是难上加难。

在五四运动之前,全国的女子高等学校,仅有教会办的北京协和女子大学、南京金陵女子大学、福州华南女子大学。北京女子师范在1917年开办过国文教育专修科一班,1918年开办过手工图画专修科一班,到了1919年4月,这所学校开始正式命名为北京女子高等师范学校,也成为当时国内唯一的一所国立女子高等学校。北京高等师范分为了男女两校,男女学校依旧是彼此独立,门禁森严。

1919年3月,蔡元培在天津青年会的讲演中谈到女子教育,提到高等学校既不许男女同校,又不为女子特设的情况。蔡元培痛心这种落后的教育状况。同月15日,蔡元培在北京青年会进行了题为《贫民院与贫儿教育的关系》的讲演，他激动地讲道："外国的小学与大学，没有不是男女同校的，美国的中学也是大多数男女同校。我们现在国民小学外，还没有这种组织……我们还能严守从前男女的界限，逆这世界大潮流么？"

21 岁的邓春兰读到北大校刊上发表的《贫民院与贫儿教育的关系》这篇文章，被蔡元培主张的男女平等所感动，于 5 月 19 日给蔡元培校长写了一封信，希望大学解除女禁，招收女生，让女子和男子一样享有高等教育的权利。她在信中说："我国数千年皆沿防隔内外之陋习，欲一旦冲决藩篱，实行男女接席共事，阻力必多，且女子无能力，何堪任事。是故万事平等，俱应以教育平等为基础。"

邓春兰没有直接提出进大学的要求，只是希望能到北大补习班学习。这封信寄到北大时，五四运动刚刚过去，正是蔡元培辞职离京的时候，此事便没了结果。到了六月，邓春兰又在京沪各报刊登了一封信，呼吁大学开女禁，这封公告大众的信引起了舆论界的重视。

五四运动之后，寻求社会进步的呼声越来越高，但各个大学仍不敢向教育部提议，因为一旦提议，必遭拒绝。蔡元培则想到了一个巧妙的对策，他认为："其实学制上并没有专收男生的明文；如招考时有女生来报名，可即著录；如考试及格，可准其就学；请从北大始。"

蔡元培在与上海《中华新报》旅京记者的谈话中说道："大学之开女禁问题，则予以为不必有所表示。因教育部所定规程，对于大学学生，本无限于男生之规定，如选举法中之选举权者。且稽诸欧美各国，无不男女并收，故予以为无开女禁与否之问题。即如北京大学明

邓春兰

第十三章 教育平等

147

邓春兰发表的文章

年招生时，倘有程度相合适之女学生，尽可报考，如程度及格，亦可录取也。"

蔡元培的这番言论被刊登在《中华新报》1920年1月1日的新年号上，他就这样利用了教育部没有明文规定专收男生的制度漏洞，通过登报的方式向社会公开表示北大可以招收女生。由此，蔡元培推开了男女同校的高校大门。

1920年2月，北大招收新生的春季考期已过，王昆仑当时正在北大上学，他姐姐王兰因病失学在家，很想来北大求学。王昆仑就姐姐上学之事去询问蔡元培。蔡元培问道："她敢来吗？"王昆仑回答："她敢。"

由此，蔡元培便同意让王兰入学旁听。两天之后，王兰来到了北大哲学系一年级旁听，成为北大的第一个女学生，她曾表达当时的思想变化："这时正是新思潮发展的时候，我的弟弟在北大念书，常把些新思潮的杂志带给我看，或者把新思潮的根本道理讲给我听，我从

《北京大学学生周刊》刊登的男女同校的信息

此以后，脑筋里便渐渐的添了些新思想，以前的旧思想逐渐减少，从前的旧生活也就逐渐觉得否认起来了。我入北大的动机实在很早，并非从新思想输入后才发端的。不过往前那种想入北大的心，只是因为男女教育太不平等，才波起的反动而已。直到新思想输入后，这种观念才算到成熟的日子了。"

很快，奚浈、查晓园两人也报名入校旁听。1920年2月27日，《北京大学学生周刊》第9号"本校要闻"栏目以《女子共学的先声》为题，发布了"从今年秋季招生起实行兼收女生"的消息，并报道了北大男女同校的信息："男女共学已为国内学者多数的主张，本校即先行开放，以为各校倡。但因未得教育部许可，暂时不招正科生，只设女生旁听席，即有王兰、奚浈、查晓园三位女士入本校旁听。"

3月7日，《北京大学学生周刊》第10号封面刊登了招收的三位女生的照片，为男女同校进行了突出宣传。如今的北京大学校史馆里还珍藏着100年前首先招收的王兰、奚浈、查晓园3名女学生的合影。

这一年春，北大先后招收了九位女学生，允许她们入学旁听，甘肃女学生邓春兰亦在其中。到了秋季，北大正式招收女生，九位旁听女学生通过入学考试正式成为北大的本科生，也成了我国国立大学最早的一批高校男女同校的女大学生。

最早进北大旁听的三位女学生,查晓园(左)、奚浈(中)、王兰(右)。

北大招收的女生名单

姓名	籍贯	年龄	经过学校	年级类门
王 兰	江苏无锡	21	北京女子师范	哲学系第一学年
杨寿璧	贵州贵阳	19	北京女子师范	哲学系第一学年
邓春兰	甘肃循化	22	北京女子师范	哲学系第一学年
赵懋芸	四川南溪	28	北洋女子师范	哲学系第一学年
赵懋华	四川南溪	23	北洋女子师范	哲学系第一学年
韩恂华	直隶天津	21	直隶第一女子师范	哲学系第一学年
程勤若	安徽歙县	26		国文系第一学年
奚 浈	江苏南汇	22	协和女子大学	英文系第一学年
查晓园	浙江海宁	21	协和女子大学	英文系第一学年

北大的男女同校引发了学校旧势力的强烈不满，他们向北洋政府状告蔡元培，认为这个决定将导致北大男女混杂，风气败坏。北洋政府也频频对蔡元培施压，蔡元培顶住了四面八方的压力，坚决为女子敞开高等学府的大门。

北大首创了高等教育的男女同校，全国各地的学校纷纷开始仿效。北京的燕京大学男女两校准备合并，他们召开了两校合并的联欢会，还邀请蔡元培作为代表在会上致辞。随着男女同校的风气吹向全国，上海、南京、广州等地的公私立大学，也陆续开始招收女学生。

这是中国高等教育史上筚路蓝缕以启山林的时期，北大这片"囊括大典，网罗众家，思想自由，兼容并包"的学术沃土，再开时代风气之先河，在教育平等的路上迈出了意义深远的一大步。

百年巨匠 蔡元培 Cai Yuanpei

第十四章 环球教育考察

1920年10月20日下午三点，北大全体学生在第三院大礼堂为蔡元培校长举办了一次话别会，蔡元培即将出国，进行一次为期较长的环球教育考察。

第一次世界大战结束后，全世界的教育受到了极大影响，许多学校开始了战后的全新改革，此时的北大经历了诸多教育改革后，学风渐浓，学术水平有了很大提升，学生自治的能力也有了巨大进步。在学校近来平安无事的情况下，蔡元培得以暂时松手校务，为学校乃至国家的长远发展做一次全球化的教育探路。

蔡元培在这次话别会上，阐述了他的出行目的："我出去的意思有好几层：本校自民国元年到现在，可算是在试验时代中。近几年校里都有些改革了。就是大战之后，各国大学也有一番改革，大都将少数人所受的高等教育，求他普及，如平民大学、劳动大学等。其余专讲'国家主义'的，守旧的大学校，也不能不改革了。我很愿意知道他们改革的状况。我大约先到法国，再到比国（比利时），然后再到德、意等国。凡有可以参考的教材，临时由书信传达。"

"这几年，国内学术界觉得人才不足，是无可讳言的。我这次要实在的去考查专门学问用功研究的留学生，想法帮助他们，预约他们深造，留做将来校中聘请。一方面也想请外国的教习。"

"本校仪器尚未完备，本可写信到外国去买，但我这次亲自去采办，也觉好些。"

"本校图书馆甚不完全。蒋先生筹划在第一院空地建筑一所大图书馆。但是经费不够，政府不能应给，只好向各方面募捐。……所以我想在回来时，一到英属、荷属……各处去看看，顺便募点捐款。"

"退还庚子赔款，各国都很有此意，不过因经济关系，他们好多已经列入预算。……我们倘能收回，一面可以扩充国内的高等教育，一面也可以培植留学的人才。他们教我亲自和各国政府再商量商量，这也是我要做的。"

"里昂中国大学办宿舍和预科，且预备请章太炎先生出去，内里一切情形，他们也教我去看看。比国见了法国这样，也拨了一所房子，给中国人住，与工艺大学甚近；我们正好利用，使一批勤工俭学的人，又能生活，又能求知识。其他如鲁番大学的恢复，国际大学的建设，都在比国；我也想去考察一番。"

1920年12月27日，蔡元培乘坐法国邮船"高尔地埃"号开始了他的教育远航，来到了法国马赛。他赴任北大校长之前，曾在法国旅居三年。当时，他与李石曾等人发起成立了华法教育会，意在帮助赴法劳工快速学习语言和专业知识，更好更快地在法国工作。在1919年到1920年期间，约有两千名来自全国各省的青年先后分作二十批奔赴法国，留法勤工俭学运动达到一个高潮。蔡元培还曾乐观地认为华法教育的盛况有助于促使法国当局退还庚子赔款，但他没想到的是赴法勤工俭学运动随着法国战后经济形势的恶化而陷入了巨大的困境。

留法运动的管理工作十分薄弱，一度出现了混乱和失控的局势，大量赴法学生没有进行过外语补习，部分学生甚至只随身带了极少的钱，这些情况导致华法教育会为他们在法国安置工作时备感艰难。

1919年下半年，蔡元培就曾致电在巴黎的李石曾，建议暂停派送学生，李石曾也在第二年年初回国后，重申了勤工俭学的学生必备的条件，一度宣布暂停派送学生。

1920年6月以后，法国的经济急剧恶化，工厂大量倒闭，大批军人退役，勤工俭学的学生们就业更加困难，只能依靠华法教育会的救济。但教育会的人力和财力也十分有限，无法长久救济学生，这就导致了学生和教育会的关系逐渐恶化。教育会采取了一些补救措施，但仍然无法解决根本问题。就在这个极为困难的时刻，蔡元培来了法国。

蔡元培到达法国不久，就收到一个令他万分沉痛的消息，与他共同生活了约20年的妻子黄仲玉在新年元旦这天病逝了，蔡元培在一个星期之后，才得知噩耗。他含泪写下了《祭亡妻黄仲玉》，诉尽哀思："汝自幼受妇德之教育，居恒慕古烈妇人之所为。自与我结婚之后，见我多病而常冒危险，常与我约：我死则汝必以身殉。我谆谆劝汝，万不可如此，宜善养子女，以尽汝为母之天职。呜呼，孰意我尚未死，而汝竟先我而死耶！我守我劝汝之言，不敢以身殉汝。然后早衰而多感，我有生之年，亦复易尽；死而有知，我与汝聚首之日不远矣。呜呼，死者果有知耶？我平日决不敢信；死者果无知耶？我今日为汝而决不敢信。我今日惟有认汝为有知，而与汝作此最后之通讯，以稍稍纾我之悲悔耳！呜呼，仲玉。"

远在异国他乡的蔡元培独自承受着这份生死别离，但他还要隐忍下这份悲痛，去解决迫在眉睫的留法勤工俭学事务。

1920年底，教育会的负债高达60余万法郎，财政已经濒临破产，蔡元培只带来了一笔必须转交湖南学生的湘省捐助款，再无其他任何救济经费。他在听取各方反映的情况后，于1921年1月12日和16日以华法教育会长的名义发布了两则通告。

第一个通告表示：华法教育会是中法两国文化事业的总机关，俭学会、勤工俭学会只是其事业的一部分，不能混为一谈。因此，华法教育会决定让俭学会和勤工俭学会分立出去，由两会学生自行分别组织，全权自主办事规则，进行事务决策。教育会只是从旁襄助。经济问题必须以省为单位寻求救助。

第二个通告宣布：华法教育会的财务"亏竭已极，万难为继"。因此，"华法教育会对于俭学生及勤工俭学生，脱卸一切经济上之责任，只负精神上之援助"。

蔡元培的两则通告很难得到多数人的理解，留法青年的责难声也铺天盖地地袭来，周恩来总理曾在自己的旅欧通讯中记录："自两次通告发出后，留法学生之大波澜起矣。"

蔡元培所采取的这个无奈之举，是迟早要实行的，也总要有人出面发布，他作为会长，只能顶着压力对积重难返的境况进行了终结性整顿，这也多少有些代人受过的成分。通告发出后，他顶着骂声继续出面与法国劳动部门接洽，尽力安排一些学生就业。

蔡元培于1月25日在巴黎商议善后办法，随后，他又与驻巴黎总领事廖世功、留欧学生监督高鲁联名致电了北京政府教育部，报告了留法学生的现状，他吁请各省："从速设法汇银接济……并祈立即阻止各省遣送勤工俭学生，否则万无办法。"

留法勤工俭学实质上是中国历史上一次平民子弟留学西方的教育试验，纵然最终失败了，也是蔡元培致力于勤工俭学教育的一次宝贵尝试。

蔡元培在欧洲停留了五个月，在法国访问的时间最长，随后，他先后游历了瑞士、比利时、德国、奥地利、匈牙利、意大利、荷兰和英国。这期间，他走访了包括巴黎、柏林、牛津、剑桥在内的几十所大学，考察这些学校的管理体制和教学方法，也参观了数以百计的组织机关、设施建设、名胜景观，更为全面具体地了解了西方文化。同时，他还见到了傅斯年、刘半农、章士钊、徐志摩、林语堂等在此留学的学生和朋友。

5月6日，法国里昂大学授予蔡元培名誉博士学位，这也是法国里昂大学第一次将名誉博士学位授给外国学者。这月下旬，留法勤工俭学生邓希贤（邓小平）、王若飞、陈毅、刘伯坚等225人联名给蔡元培发函，他们正在筹办的"中法、中比两大学"要设立"工学院"，他们在信函中真切表示："希望先生……了解我们的境遇，同情我们的主张，赞助我们的进行，使我们的希望能够实现，不胜企盼之至。"

6月1日，蔡元培从法国来到美国纽约，第一次踏上了美洲大陆。他由东向西，遍访了华盛顿、巴尔的摩、芝加哥、西雅图、洛杉矶等重要城市，参观了哥伦比亚大学、哈佛大学、纽约大学、芝加哥大学以及国会图书馆、卡耐基研究院等学校和机构，与孟禄、芮恩施等学术大家进行了晤谈。

蔡元培在美国时几乎每到一地，都要进行演说，总计接近三十次，演说的内容大多涉及国内新文化运动和有关中西文化融合的观点。

在蔡元培到美国之前，留美的北大同学会就组织了招待和调查两个部门，调查部邀请了关心高等教育的朱经农、冯友兰等二十余人在当地进行教育调查，最后把收集整理的调查结果交给蔡元培校长，以作参考。他们分担的调研题目有《大学之组织》《经费之来源及分配》《教职员之待遇》《学生之待遇》《女学生之状况》《学生自行研究之情形》《研究所之组织》《学生之体育》《校舍建筑》《美国各大学特点之比较》等等。

6月3日，纽约中国学生为蔡元培举行了欢迎餐会，蔡元培在餐会上进行了题为《中国大学与北京大学之将来》的演说，着重提到了两点：一是认为如果大学不好，中小学教育便无振兴之望，因此，教育改革，要先从办好大学入手。二是法国大学区制将全国划为若干教育区，区内的中小学教育和社会教育，均由大学主持，这种制度值得推行。

蔡元培在华盛顿乔治城大学的毕业典礼上，发表了题为《东西文化结合》的专题演讲，他在演讲中提到："一九一九年九月间国立北京大学举行暑假后开学式，请杜威博士演说，他说：'现代学者当为东西文化作媒介，我愿尽一分子之义务，望大学诸同人均尽力此事……'此确为现代的重要问题。其中包有两点：（一）以西方文化输入东方，（二）以东方文化传布西方。"

"照各方面看起来，东西文化交通的机会已经到了，我们只要大家肯尽力就好。"有一次，蔡元培在美国的一个寓所休息，有位美国驻华公使要招待他，想请他介绍北方权贵。蔡元培在寓所尚未坐定，就立刻要离开，当时陪同在侧的罗家伦等学生劝他多休息一会儿，他仍坚持要走。随后，他就去了附近几十里的一个瀑布，告别了喧嚣和纷扰，在自然美景中游玩赏心。

蔡元培还多次记下了他游览瀑布的情景："乘汽船，衣橡衣，戴橡兜，坐船面上，船缓行，得次第观侧面正面，有时如在骤雨中。步行过桥，见瀑之平面，苔藓映带，全作绿色；惟波涛汹涌，间作白溜；其折下处作碧色；直下处则纯作白色。衣法兰绒衣，上罩雨衣雨兜，行瀑下木桥，有时如猛雨扑面，目不能视梯级，则侧行或倒行。"

8月，蔡元培受北京政府教育部委派，出席夏威夷檀香山举行的太平洋教育会议，以中国代表的身份向会议提交了《小学教育采用公

蔡元培（中间）参加太平洋各国教育会议与代表团成员合影

共外语》和《举行太平洋各国联合运动会》两项提案，前者是主张对十岁以上的小学生开设世界语课程，后者是建议每年举行一次太平洋地区运动会，运动会由各国轮流承办。

檀香山华侨设下晚宴招待各国代表，蔡元培在晚宴上满怀期待地谈道："教育家最重要的责任，就在创造文化，而创造新文化，往往发端于几种文化接触的时代。现在到会诸君，除我们中国一方面当然代表中国文化外，代表印度文化的有印度代表诸君；代表西洋文化的有美国代表诸君；其他各国代表诸君，或接近西洋文化，或接近东洋文化，当无不愿尽力于此事者。吾乘此机会，谨为将来新文化产生预祝。"

1921年9月14日，蔡元培乘船回到中国，结束了近十个月的环球教育考察。他的出行让中国教育界与各先进国家建立了紧密联系。在促进中外文化交流的同时，蔡元培心中的教育版图更为清晰，他更加坚信中国可以打造出更多世界一流的高等学府。

百年巨匠 Century Masters 蔡元培 Cai Yuanpei

第十五章 告别北大

民国初期，军阀政府忙于内战，国家预算大多用来充作军费，教育经费日益紧缺，教育行业的危机日益加重。蔡元培在长达十个月的环球教育考察过程中，一心想在国外争取收回部分庚子赔款，将其用于中国的教育事业，他也在努力地向华侨募捐钱款，修建教学设施。蔡元培在美国旧金山考察教育时，曾在华侨欢迎会上痛斥国内教育的积弊："国家金钱，不用以兴利举废，而为兵所消耗，武人拥兵自雄，杀人盈野，以吾人脂膏，尽充军饷，全不想国家若危，己焉能安。"

随后，他详述了国内大学的教育现状："顾中国歹人耗费国家金钱，好事反无力举办。国立大学只有四个。其中，天津之北洋大学，只有法、工两科。山西大学虽有四科，惟因交通不便，学生亦仅几百人。东南大学新办预科，其幼稚可以想见。美国私立大学很多，共有几百个。中国之私立大学，亦寥若晨星，北京则有中国、民国、上海则有大同、复旦，且经费均感困难。此外则有厦门大学，由陈嘉庚先生独捐四百万，办预科。""北大因经费不足，每年只招三百人，而与考者每多至千余人，势不能全数收纳。"

就在蔡元培考察国外教育的期间，北京各校教职员正为争取教育经费的独立和索要欠薪发起长时间的斗争。他们向政府请愿，甚至提出罢教，李大钊、马叙伦、沈士远等人和多名学生还因此被军警打伤。

蔡元培在法国处理了华法教育会濒临破产的问题，回国之后，他还要继续面对国内教育经费极缺的问题。他虽对政府重兵轻教、蛮横无理的恶行感到愤怒,却并不赞成教师罢教的举措。

1922年3月,蔡元培在《教育杂志》上发表了《教育独立议》一文,他在文章中提出了教育独立于政党与教会之外的观点,主张教育事业不应受到各派政党或各派教会的影响,教育制度和教育经费应完全由教育家来主理。他在文中明确表示:"教育是求远效的,政党的政策是求近功的。""政党不能掌握政权,往往不出数年,便要更迭。若把教育权也交与政党,两党更迭的时候,教育方针也要跟着改变,教育就没有成效了。所以教育事业不可不超然于各派政党以外。"

他还直言不讳地提出了改革办法:"分全国为若干大学区,每区立一大学;凡中等以上各种专门学术,都可以设在大学里面,一区以内的中小学校教育,与学校以外的社会教育,如通信教授、演讲团、体育会、图书馆、博物院、音乐、演剧、影戏……与其他成年教育、盲哑教育等等,都由大学办理。""教育部,专办理高等教育会议所议决事务之有关系于中央政府者,及其他全国教育统计与报告等事,不得干涉各大学区事务。教育总长必经高等教育会议承认,不受政党内阁更迭的影响。""各区教育经费,都从本区中抽税充用。较为贫乏的区,经高等教育会议议决后,得由中央政府拨国家税补助。"

北大在1922年的最后一个学期,是在极其困难的情况下度过的。新学期开学在即,教育经费已经积欠五个月以上,蔡元培为了解决经费问题,一直在外奔波。整个8月,他和北京其他七所国立高校的校长一起反复与政府强力交涉。

10月2日,北大秋季学期正式开学,学校在向政府索要欠款的同时,在经费开支方面不得不采取一些应急措施。其中有一条措施是关于增收学生讲义费的,学校对此也做了较多考虑,蔡元培在后来写给朱希祖等人的信函中提到："一方面为学生恃有讲义，往往有听讲时全不注意，及平时竟不用功，但于考试时急读讲义等流弊，故特令费由己出，以示限制。一方面则因购书无费，于讲义未废以前，即以所收讲义费为补助购书之款。"

因此，北大开始向学生征收讲义费，谁也没料到这项收费的规定很快引发了一场学生直接抵制学校的风波。

10月17日，学生代表数十人连续两天先后到校长室请愿，要求校方撤销讲义费，蔡元培十分无奈地向学生解释，最后也没能得到学生的理解，学生们打算罢课，以示抗议。蔡元培对闹事学生的蛮横和其他学生的盲从感到失望和痛心，他随之提出辞职，北大其他行政人员也跟着要辞职，北大校务一时陷入停滞状态。

蔡元培的辞呈和各个职员的辞职启事公开刊布后，北大全体学生惊骇不已，他们先后召开了全体紧急大会，决定派代表去挽留蔡校长，并到教育部、总统府去声明此事只是少数学生所为，请求代为挽留蔡校长。

北大全体学生发表了针对此事的反思宣言："征收讲义费，系经评议会议决；取消讲义费，也须用适当的手段，不料昨日有二三捣乱分子，别有用心，利用机会，于要求取消讲义费时，作出种种轨外行动。我们大多数固然赞成废止讲义费，然而激烈行为，却绝对不能承认。……为保存最高学府计，一致议决挽留我们平日所信仰的蔡校长。如有再行捣乱者，誓当全体一致驱逐败类。"

蔡元培最终收回了辞呈，返校主政，历时一周的"北大讲义费风波"也终于平息。

1922年是北京大学创建二十四周年，学校在12月17日举行了纪念会，蔡元培在会上回顾和总结了北大的发展历程，将北大的二十四年分为了三个时期。第一时期为创办之日起至民国元年，这十余年间，学校实行"中学为体，西学为用"的方针，体制上主要模仿日本。学校开办之初，北京以顽固派居多，教者、学者大都偏重旧学，学校没请来好的西学教习，学生对西学也并无热情。而中学方面则参用了书院旧法，通过考试择优录取有一定根底的学生，学生在教习的指导下，专门研习一门学识，倒有了一点研究院的属性。

第二时期为民国元年至民国六年，校长和各个学科的学长多为西洋留学生，在国体初更，百事务新之时，学校大有完全弃旧的意图。教员、学生在自修室、休息室这些地方，私下谈话时也乐于说外语。而当时学校所提倡的西学，还是贩卖和照搬的状态，没有到研究学问的地步。

第三时期为民国六年至今，学校提倡研究学理的风气，力求以专门学者为学校的主体，在课程上也谋求贯通中西，比如用科学方法对中国固有的学问加以整理和融合，试验出新的教学方法。

蔡元培在纪念会上提出了三个希望："第一，无论如何困苦经营，必定要造成一个大会场，不要再像今天这样在席棚里边开会。还要造一所好的图书馆，能容多数人在里边看书。第二，到明年今日，至少也要有关于世界上最重要最有价值的三部丛书，照二十周年所预定的能印出来。第三，我们学校经过二十四年，还没有一个同学会，现在如戊戌同学已经成立了戊戌同学会，分科毕业同学会也已经成立，今天都有代表到会。希望一年内能组织一个普遍的同学会。"

蔡元培的殷切希望最终成为奢望，不久之后，北大卷入一系列政治风波，蔡元培再次提出辞职，而这一次，他的决心无比坚定。

1922年底，臭名昭著的政客彭允彝被任命为教育总长，这个消息一经传出，教育界和学校的学生们都极力反对。1923年初，北京学联在北大师生的倡议下发表宣言，拒绝彭允彝担任教育总长，大总统黎元洪下令"严行整顿学风"。

此时，"罗文干案"也在持续发酵。早在1922年5月时，蔡元培领衔胡适、罗文干、陶知行（后改名陶行知）、汤尔和等16人签名了《我们的政治主张》，提出了"好人政府"的口号，提倡"好人"应放下清高，以奋斗之精神积极干政。

罗文干是当时所谓"好人政府"王宠惠内阁的财政总长，王宠惠内阁在政治上倾向于吴佩孚，这便招致直系军阀的不满。众议院诬告罗文干签订的奥国借款展期合同有受贿行为，下令逮捕了罗文干。罗文干经过两个月的司法斗争，最终在1923年1月11日被无罪释放。然而军阀政客集团仍然不肯罢休，教育总长彭允彝献计提出复议，以致罗文干再次蒙冤入狱。

蔡元培对这一系列的政治阴谋忍无可忍，于1月17日提出辞职。两天后，他就离开了北京，并愤然发表了著名的《关于不合作宣言》："我是一个比较的还可以研究学问的人，我的兴趣也完全在这一方面。自从任了半官式的国立大学校长以后，不知道一天要见多少不愿意见的人，说多少不愿意说的话，看多少不愿意看的信。想每天腾出一两点钟读读书，竟做不到，实在苦痛极了。而这个职务，又适在北京，是最高立法机关行政机关所在的地方。止见他们一天一天的堕落：议员的投票，看津贴有无；阁员的位置，禀军阀意旨；法律是舞文的工具；选举是金钱的决赛；不计是非，止计利害；不要人格，止要权利。这种恶浊的空气，一天一天的浓厚起来，我实在不能再受了。"

这一次，蔡元培躬身践行了他的"不合作主义"，北大师生开始"驱彭（允彝）挽蔡"，北京政府再次被迫"慰留"，蔡元培最终不得不暂居校长之名。7月下旬，蔡元培乘船远赴法国，他的学生蒋梦麟则以蔡元培的个人代表身份暂时代理校务。蒋梦麟没有想到，他的这段校长代理竟长达两年半的时间，北大的"蔡校长时代"就此一去不复返。

1927年夏，奉系军阀入主北京，控制了中央政府，他们整合国立各个学校后，蔡元培的校长名义也不复存在了。面对各种错综复杂的局面，蔡元培始终坚守自己的原则，从不屈服妥协，为了抗争，他曾七辞北大校长，从49岁出任北大校长到59岁最终卸任，总共在任10年。蔡元培曾自述："综计我居北京大学校长的名义，十年有半；而实际在校办事，不过五年有半。"

蔡元培离开了北大，他的治校精神和教育理念却留在了北大，影响着一代又一代的北大人。经他改革的北京大学，从充满官僚气息的旧式学校变成了生气勃勃的新式大学，成为新文化运动和马克思主义的传播中心。在那段动荡不安的岁月里，北大成了学者抚慰心灵、滋养生命的精神栖息地，更是开放包容、思想自由的学术圣地。有人称赞蔡元培在北大的功绩是"为中国的学术界，开一新纪元"。他曾在《关于不合作宣言》一文中引用《易经》的话，"小人知进而不知退"，所以"退"亦是他的君子姿态。

百年巨匠 蔡元培 Cai Yuanpei

第十六章 大学院制的失与得

1926年春，蔡元培回到了中国，仍旧与北京政府保持"不合作"的姿态，并开始为南方政府的北伐做政治上的策应。1927年4月18日，南京国民政府成立，全国完成了形式上的政治统一。国民政府增补蔡元培、李石曾、汪兆铭三人为教育行政委员会委员，推举蔡元培、李石曾、褚民谊三人为常务委员。蔡元培寄希望于政治变更会带动教育改革，对中国的教育事业重燃信心。

　　1927年6月6日，国民党召开中央政治会议，蔡元培在会上代表教育行政委员会提出呈文，请求改革教育行政制度，设立大学区作为教育行政单元，区内的教育行政均由大学校长来处理。6月13日，蔡元培、李石曾、褚民谊三人又在国民党中央政治会议上，提出改教育部为大学院，全称为"中华民国大学院"，并将大学院作为全国最高学术教育行政机关。

　　1927年10月1日，蔡元培在南京正式就任大学院院长，时隔15年再次主政全国教育。设立大学区和大学院的想法在蔡元培心中早已酝酿多年，如今，他终于有机会将这些教育设想付诸实践。

　　蔡元培希望"教育独立"，想让

任大学院院长时期的蔡元培

大学院这个管理全国学术及教育行政的最高机关从政府的职能部门中抽离出来，获得一定自主性。大学院与教育部的最大不同，即"教育家管理教育"。

大学区制取自法国，是将全国划分为若干个大学区，以省为单位，区内各级教育全部委托给这些作为教育学术中心的大学校负责人，其校长主理区里的全部教育行政事务。以大学区为教育行政单元，来取代各省、区的教育厅、局，使教育者可以直接管理地方教育，以此来避免政治干扰教学的问题。此时，国内正在倡行地方自治，全国教育采用法式大学区制，也可以解决各省地方教育的管理问题。

1928年1月，蔡元培在《大学院公报》发刊词的开篇写道："民国纪元以前，管理学术及教育之机关曰学部；民国元年改为教育部。依教育一辞之广义，亦可以包学术也。顾十余年来，教育部处北京腐败空气之中，受其他各部之熏染；长部者又时有不知学术教育为何物，而专鹜营私植党之人，声应气求，积渐腐化，遂使教育部名词与腐败官僚亦为密切之联想。此国民政府所以舍教育部之名而以大学院名管理学术及教育之机关也。"

1928年4月12日的《新闻报》上刊登了蔡元培的《关于大学院组织之谈话》，蔡元培在谈话中概括了大学院的三个特点："一、学术教育并重，以大学院为全国最高学术教育机关。二、院长制与委员制并用，以院长负行政全责，以大学委员会负议事及计划之责。三、计划与实行并进，设中央研究院，实行科学研究。设劳动大学，提倡劳动教育。设音乐院、艺术院，实行美化教育。此三点为余等主张大学院制之根本理由。"

蔡元培开始大刀阔斧地推行他的教育改革，然而仍旧阻力重重。大学院制与大学区制一经执行，很快就受到了诸多阻挠和攻击。

1928年2月，国民党召开四中全会，有两个提案都在反对大学院制，提出应重新设立教育部。蔡元培和李石曾力保大学院制，并解释新制度的试验不会立竿见影，至少要以年计，才能看到真正的效果，此时论成败，还为时尚早。到了这一年的8月初，国民党举行五中全会时又议论了此事，蔡元培不愿看到的事情还是发生了，会上反对的提案有所增加，会议最终决定撤销大学院制，重设教育部。

国民党内派系倾轧，蔡元培表露出支持国共合作的态度，招致蒋介石政权集团的不满。8月17日，蔡元培提交辞呈，决心辞去大学院长、代理司法部长、中央政治会议委员、国民政府委员等职务。

蔡院长在辞职离院时，力主将大学院的财务决算公开发表，他的这一行为被称为"国民政府实行财政公开之第一声"。9月8日的上海《民国日报》刊布了大学院的决算信息：

> 大学院自去年10月成立时起至今年6月，共九个月的收支决算为：收入现款共1398000余元，支出现款1355000余元。其中，大学院本部经常费，仅为277000余元，每月约合30000元；其余均为附属机关之经费及各学术机关之补助费。至于今年7、8两月的决算书，亦已编竣云。

到了10月，蔡元培致函蒋介石、胡汉民和谭延闿，首先声明两点："监察院院长决不担任""大学院院长决不复职"，随后，他表示："愿以中央监察委员之资格，尽力于党务；以政治会议委员之资格，尽力于政务（弟曾辞政治会议委员，然近经谭先生及孔庸之先生转示会中同人之意见，弟遵当取消辞意）；以中央研究院院长之资格，尽力于教育、学术。"

10月23日，国民政府正式改大学院为教育部，"大学院"的概念从此淹没在历史尘埃中。大学院制被废除，大学区制也难以长久持续。

自大学区制实行以来，国民党的内部派系争斗一直十分激烈，导致制度的推行流弊丛生，引发了各方的不满。例如，江苏省的中央大学区制还未实行一年，大学区内的中等学校联合会就以"经费分配之不公""行政效率之减低""酿成学阀把持之势力"等问题多次要求南京政府改弦更张，变更大学区制。北平的大学区制实行后，同样受到了北大、北师大、法大、女师大等学校学生的反对，其中尤以北大最为激烈。

1929年6月，国民政府决定停止大学区制，北平大学区、浙江大学区、江苏中央大学区等地方陆续停止了这项制度，大学区制在中国教育史上昙花一现，最后也以失败告终。

蔡元培推行的大学院和大学区制度虽然受挫，但他在大学院成立之后所创立的中央研究院却展现出截然不同的顽强生命力。如果说改革北大承载着蔡元培教育救国的理念，国立中央研究院则是他进行科技救国的教育实践。

中央研究院的创设，最早是孙中山先生提出的。早在1924年冬，孙先生北上时就提出了设立中央学术院的建议，他当时委托汪精卫、杨杏佛等人起草计划。而孙先生在1925年病逝后，这项工作就在时局的变化中搁置了。

蔡元培深信"现代文化，基于科学"，让他痛心的是"我们的教育至少两千年来没有面向更高的科学教育，而却是用完美的品质去塑造人，赋予他一种文学素养而已"。

蔡元培指出："我国输入欧化，六十年矣。始而造兵，继而练军，继而变法，最后乃始知教育之必要，其言教育也，始而专门技术，继而普通学校，最后乃始知纯粹科学之必要。"

蔡元培主持北京大学时，就高度重视科学教育，对科学社、中华学艺社等科学团体都全力支持，他主持大学院时，更是明确地将"科学化"列为教育宗旨之首。他早在 1915 年就提出："欲救吾族之沦胥，必以提倡科学为关键。"

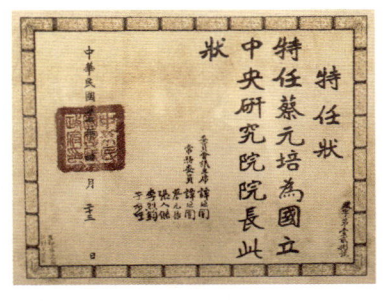

中央研究院院长任命书

1927 年 5 月，蔡元培在国民党中央政治会的议会上，与李石曾、吴稚晖、张静江共同提议建立中央研究院，这个致力于科学研究的机构终于得以问世。

大学院和大学区制实行后，中央研究院就成为大学院的一个附属机构。在中央研究院成立以前，蔡元培的主要精力放在教育上，中央研究院成立以后，他就开始专心于科学事业的推进和科学人才的培养。

蔡元培在离开大学院以后，基本上没有再直接参与到其他教育行政工作中了，他表示"愿以余生，专研学术"，此后，中央研究院就成了他后续教育事业的核心。

1928 年 4 月 10 日，中央研究院正式定名为国立中央研究院，18 日，蔡元培被国民政府任命为国立中央研究院院长。国立中央研究院以"实行科学研究，并指导、联络、奖励全国研究事业"为宗旨，成为中华民国最高科学研究机关。

蔡元培在中央研究院成立之初就先行设立了理化实验、社会科学、地质三个研究所，还设立了南京紫金山观象台。中央研究院脱离

蔡元培率领国立中央研究院职员补行宣誓典礼时的合影

大学院之后，原来设置的观象台分为天文、气象两个研究所，理化实验研究所分为了物理、化学、工程三个研究所。1929年春，中央研究院增设自然历史博物馆和心理研究所，自然历史博物馆后来改为动植物研究所。这样，中央研究院总共就有了十个研究所。

这年7月，《国立中央研究院院务月报》开始发行，蔡元培在发刊词中说："国立中央研究院之设，在中国尚为创举。本院直隶国民政府；就名义言，为全国最高学术研究机关；就职责言，实兼学术之研究、发表、奖励诸务，综合先进国之中央研究院、国家学会及全国研究会议各种意义而成。""英国斯蒂芬孙（J. J. Stepheson）有言：'凡最著之发明，皆由于渐，不由于顿。'非求速成，而常精进，此本院同人所孜孜自勉者也。"

中央研究院的科研进展较为顺利，但科研经费却波折不断。国民政府规定，财政部门每月拨付10万元，作为中央研究院的经常费用，此外，《中央研究院组织条例修正草案》中提出："除临时经常等费由国民政府按照预算拨给外，另由本院向政府请拨研究基金两百万元；期于五年内募足。此项基金，永远只许用息不用本。"

由于连年内战，军事耗资巨大，全国教育经费拖欠十分严重，中央研究院时常面临经费奇缺的境况。蔡元培在 1930 年的第十一次院务会议上报告："本院经费异常支绌，以经常费数目而论，用之办理一二研究所尚嫌不足，现本院成立之研究所、处、馆等，计有十一处之多，虽平时尽量从事节省，而欲求计划之实现，颇感困难。"

财政部迟迟不拨经费，中央研究院有时也只好向外界寻求资金援助，有一次，蔡元培主持的中华教育文化基金董事会，就拨出 50 万元的经费，支持中央研究院的科研工作。

蔡元培生活节俭，住在南京成贤街中央研究院的办公处，他房间的外间还住着一个人，他要出门就必须经过外间。有一天，蔡元培起得早，屋外的邻居仍在熟睡，蔡元培担心惊动外间的邻居，就一声不响地待在屋里看书。等到邻居起身后，他才开始洗漱。研究院的工役每每谈到此事，都对蔡院长称道不已。

翁文灏在《追念蔡孑民先生》一文中对蔡元培总领中央研究院的工作进行了一个简要概括："蔡先生主持中央研究院的主要办法，是挑选纯正有为的学者做各研究所的所长，用有科学知识并有领导能力的人做总干事，延聘科学人才，推进研究工作。他自身则因德望素孚，人心悦服，天然成为全院的中心。不过他只总持大体不务琐屑干涉，所以总干事、各所长以及干部人员，均各能行其应有职权，发挥所长。对于学术研究，蔡先生更充分尊重各学者的意见，使其自行发扬，以寻求真理。因此种种，所以中央研究院虽然经费并不甚多，却能于短时期内，得到若干引起世界学者注目的成绩。"

紫金山天文台　　　　　　　　　地质研究所

据1931年的数据统计，中央研究院的专职研究人员约有170人，除此之外，兼职或特约研究员有49人。许多知名学者都曾先后过来任职，如王云五、陈寅恪、林语堂、赵元任、胡刚复、涂长望、严济慈、吴有训、陈翰笙、吴定良等，此时中央研究院的科研体系已经颇具规模。

蔡元培仍然秉持兼容并包的思想，主张学术自由，提倡研究各种问题，各种学派并存。中央研究院在这样的学术氛围下网罗了各方面的学者专家，在研究工作上取得了丰硕的成果。

自然科学研究是中央研究院的主要部门，研究院在十余年的时间里，收获了许多自然科学研究成果，其中尤以天文、气象、地质和生物的研究成就最为显著。南京紫金山天文台设备完善，一时成为国内天文学研究的中心。地质研究所对各地区的地层结构和矿物分布进行了实地调查，初步摸清了一些地质情况，地质学家李四光在学术方面也取得了不少重要成果。生物学方面，我国动植物分类区划取得了不少收获。社会科学方面，历史语言研究所对河南安阳殷墟遗址的发掘和研究，引起了全世界专家学者的注意。社会科学研究所的工作，则密切结合社会现实，对于当时中国的农村经济、租界问题、犯罪问题等都进行了详细且深入的调查，整理完成了反映当时社会问题的诸多珍贵史料。

中央研究院多次召开了全国性的学术会议，极大地促进了全国的学术研究发展。中央研究院还多次派人参加国际性学术会议，发表了颇有价值的学术论文，进行国际化的学术交流。为了进一步加强国际交流，中央研究院也欢迎真正从事学术研究的外国学者来华考察。

几年时间里，来华考察的外国学者络绎不绝，如瑞典的斯文·赫定到新疆考察，中央研究院就与其组成了西北科学考察团。美国的约克·罗伯森到新疆考察，中央研究院就与之组合成中美科学考察团。美国人史密斯去川滇考察动物标本，中央研究院也派出专员与之共同研究。

历史学家蔡尚思是蔡元培的学生，他曾说到恩师的教育功业"先表现于国立北京大学，后表现于国立中央研究院"。

蔡元培自61岁创立中央研究院起到逝世的这段时间里，倾尽了余生心血让基础薄弱的中国科学事业有所发展，今天的中科院就是在此基础上发展起来的。大学院这个全国最高学术机构虽然不复存在，但由此催生的以科学研究为核心的中央研究院却焕发出蓬勃的生命力，成为凝聚国家科学人才的一个学术高地，开辟出中国现代科研的一套体系，为国家的科研事业铺设了一条新道路。

百年巨匠 Century Masters 蔡元培 Cai Yuanpei

第十七章

美育之「声」

1928 年 5 月，时任大学院院长的蔡元培在全国教育会议上明确提出了三点教育方针："一、提倡科学教育，一方面从事科学上高深之研究，一方面推广民众的科学训练，俾科学方法得为国内一般社会所运用；二、养成全国人民劳动的习惯，使劳心者亦出其力以分工农之劳，而劳力者亦可减少工作时间，而得研求学识机会，人人皆须致力于生产事业，人人皆得领略优美的文化；三、提起全国人民对于艺术的兴趣，以养成高尚、纯洁、舍己为群之思想。简言之，使教育科学化、劳动化、艺术化。"

大学院为实行科学化教育设立了中央研究所，为推动劳动化教育设立了劳动大学，为实现艺术化教育设立了音乐院、艺术院。就在蔡元培主持中央研究院工作、推动科学研究蓬勃发展的同时，他的"美育"思想也在众多艺术学校中稳稳扎根，自由生长。

1927 年的六七月，北洋政府教育总长刘哲以"音乐有伤风化，无关社会人心"为由，下令取消了北京所有高等院校里的音乐系科。就在同一时期，南方政府的大学院提出设立音乐院的教育政策，蔡元培对美育教育的大力推行，让此时正在北京推行音乐教育却连连受挫的萧友梅看到了新希望。

就在蔡元培即将出任大学院院长时，萧友梅向他提出了在上海设立一个音乐院的想法，在蔡元培的大力支持下，南京政府于 10 月初同意建立国立音乐院，大学院任命萧友梅为音乐院的筹备员。

萧友梅曾于 1902 年留学日本，学习教育学和音乐，后在 1916 年以博士论文《至十七世纪的中国乐队史研究》获德国莱比锡大学哲学博士，是我国近现代音乐史上首位在国外取得博士学位的音乐家。

萧友梅和蔡元培是莱比锡大学的校友，两人在国民艺术教育上有着相同的思想理念。蔡元培曾说："纯粹之美育，所以陶养吾人之感情，使有高尚纯洁之习惯，而使人我之见、利己损人之思念，以渐消沮者也。"

萧友梅将美育和音乐看作是紧密相连的两件事，认为提倡音乐即是提倡美育，他还强调音乐对国民道德影响很大，并从家庭建设和社会建设的视角看待音乐的教化功能，深知音乐爱好对个人成长和社会风俗养成的重要影响与积极意义。他曾提出："一个家庭里头，如果有几个人爱音乐，这个家庭就不致有赌博之患；一个社会里头如果爱音乐的团体多，别样坏风俗自然就可以减少了。"

萧友梅于 1920 年春回国，这年 9 月，他接受了当时的北大校长蔡元培之聘，担任北大哲学系讲师和音乐研究会导师。他先后在北京女子高等师范学校音乐科、国立北京艺术专门学校音乐系等高等学校的音乐系科任教。

1922 年，他向蔡元培建议并得到了支持，将"北京大学音乐研究会"改组为"北京大学附设音乐传习所"，创立了我国第一个专业音乐教育机构。一年后，他提议把"音乐传习所"改名为"音乐院"，并解释道："'音乐院'这个名字一看就知道是专学习音乐理论和技术的机关。这个名字，就是西名'Conservatory of Music'，这种机关在欧美大学里边是常有的。"

萧友梅的提议虽然得到了蔡元培的赞成，却没能得到评议会的同意，直到 1927 年 10 月，在蔡元培的又一次支持下，萧友梅的愿望终于要变成现实了。

10月26日，国立音乐院在上海各大报纸上发布了招生广告："音乐一科居艺术重要地位，欧美各国多由国家设立学院，以施行其高等音乐教育。我国府大学院成立，因亦设立音乐院于沪上，一方输入世界音乐，一方从事整理国乐，期趋向于大同，而培植国民美与和的神志及其艺术。本学期拟先招预科一班及选科若干名。报名日期十一月一日至五日。"

音乐院于11月初进行了招生考试，最终只录取了23名学生。随着筹备工作的推进，诸多难题也接踵而来，没有学校宿舍，萧友梅就先租下了陶尔斐斯路56号暂时作为校舍。国立音乐院初始教职员较少，大多身兼数职。和声与作曲由萧友梅亲授，易韦斋授国文、诗歌兼文牍，王瑞娴授钢琴，李恩科授声乐和英文，陈承弼授小提琴，朱英授琵琶和竹笛，吴伯超授钢琴、二胡兼会计，雷通群授文化史。

南京国民政府成立不久，内地战事未止，中央财政吃紧，政府承诺在战事结束后再行筹划音乐院的开办设备费和校址事宜。萧友梅总结了北京大学音乐传习所预算提案失败的经验，向大学院提交了一份循序渐进的五年规划，计划每年招生50名，每月经常费为3000元，经费随着每年增加的学生人数而逐年递加，到第五年学生人数达到250名时，学校的每月经常费就增加到15000元。这份预算最后成功获得了大学院的批准。

然而，财政部以学校招生不足、学额未满为由每月扣发学校400元的经常费，萧友梅最终拿着2600元的开办经费，创立了中国第一所独立建制的国立高等音乐学府——国立音乐院。

1927年11月27日，国立音乐院正式成立，蔡元培担任院长，萧友梅任教务主任。国立音乐院以"援西立中，化用为体"为办学理

蔡元培出席国立音乐院开院典礼

念,以"和、毅、庄、诚"为校训,奠定了中国专业音乐教育的制度和学科体系的基础。

在国立音乐院的成立典礼上,院长蔡元培发表了演讲:"诸君勿以为现在来学者不多,院舍亦狭窄,稍抱不安之感。古人谓作始简,将毕巨。只要教者、学者及办事人,皆以一番热诚毅力,相策相辅,黾勉精进,则必日起有功,学者济济,术业成就,可拭目而待。"

教务主任萧友梅在典礼上说:"当1822年伦敦Royal Academy of Music(伦敦大学皇家音乐学院)成立的时候只有二十个学生,过了八十年,学生增加至五百以上。我们不怕今天同学少,但我们同事、同学大家努力,那么不到十年就可以有五百以上的同学了,这是我对于音乐院唯一的希望。"

国立音乐院这所国立最高音乐教育机构,直属于国民政府教育部，学院规模虽小，但制定了规范的组织大纲和学则，分为预科、本科、专修科及各项选科；采用学分制；设立了理论作曲、钢琴、小提琴和声乐四系；具备了现代高等音乐教育的规格和建制。

蔡元培和萧友梅两人对音乐理论及其研究价值、中西音乐，以及中国音乐发展等问题有着共通的理解，两人所奉行的办学理念和教学模式相辅相成、相得益彰。

蔡元培倡导学研并重，强调学术研究是高等学校的立校之基，也是学校行稳致远的根本。萧友梅也高度重视学术的研究理念，主张把音乐当成最高艺术进行研究，而不是仅供自娱的消遣之物。他提出："学音乐的人不独要学高尚的音乐，还要把音乐当成最高的艺术去研究，千万不可当作消遣品来学，假如自己把音乐当作消遣品，人家就把你自己当作消遣品的工具，音乐的地位就完全失掉了。"

蔡元培十分认可西方音乐的先进性，认为要立足西方，就要学习西方的各类知识，包括乐器、乐曲、乐理、曲调等专业内容，复兴中国音乐。他在1928年5月13日发表了《国立音乐院院刊发刊词》，提出："至于今日，欧洲之乐器及乐曲，又次第输入，不特在教育上又恢复其主要之地位，而且理论之丰富，曲调之繁变，既非西域印度所可拟，抑亦非吾国古人之所能预知也。"

萧友梅认为："我们不能说中国没有乐谱，不过拿近代西洋乐谱比较起来，就觉得有许多不完全的地方。"中西乐谱虽有较大差距，但中国的音乐也曾盛极一时，萧友梅研究分析过"绍兴以前中国的记谱

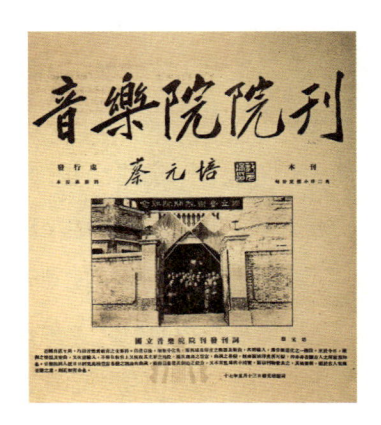

《音乐院院刊》（1928年）

法并不让西洋，不过自从绍兴末年废止教坊之后，一直到现在，记谱法一点进步都没有，这就是政府不提倡音乐教育的结果……若是这九百年间，我们政府奖励研究音乐，我想我们中国人，也可以做得到的"。

萧友梅认为乐器的差异也极大地影响了音乐的发展："乐曲的进化，同乐器的构造也是很有关系的。西洋有复音的音乐……因为风琴的构造有这样便利，所以西洋作曲家同造乐器的，都想法子把各乐器都做成能奏半音阶，一面尽力把各乐器的音域扩大，最新式的风琴可以奏九十七个音，所以各乐器都以风琴为标准（西人叫风琴做乐器之王）。我们中国没有这段风琴历史……并且一千多年没有人研究改良乐器，所以现在用的乐器，还是同前一千年用的一个样子，音域最广的乐器也不过能奏三十几个音，管乐器多半不能吹半音阶；作曲的人又不大研究乐器的构造，所以要迁就乐器来作乐曲。乐曲既然为乐器所限制，一定难望其有复杂的发展，所以乐器的构造同乐曲是有关系的。"

萧友梅觉得传统古乐之所以"不能流传到今日"，有种种原因："（一）教授不得其法，乐师传授一曲多以听习为主，不注重看谱学习，所以人死之后，乐曲就与之同归于尽；（二）记谱之法向不一致，同是一个乐器用的同一个乐曲，所记乐谱家家不同，教学者无所适从，乐曲因此不能有一定的标准；（三）学音乐的限于某种阶级（像周朝是在贵族大学，唐朝是限于宫人），不能学校化、平民化。"

中国一直没有正式的音乐教育机关，导致音乐教授法未能得到改良，记谱法也没有统一。萧友梅提出："今后习旧乐和教学者均应格外虚心，同时要把西乐记谱法，和声学，对位法，乐器学，曲体学加以研究，方才可以谈到整理或改造旧乐。"

后来被国立音乐院聘请来的美国海归黄自对于中西音乐的优劣，作了较为犀利而客观的分析，他指出："吾国各种艺术中，音乐可算是最没有出息的了。只附属在戏剧、诗词与利益上面，而不能成为完全的独立艺术。用纯客观的态度、平心静气地研究起来，谁也不会感到我们的音乐远不如西洋音乐来的进步。我恐怕我们的音乐，普通只有单音而无和声。有人就以为这是我们的特点。殊不知一千年前，西洋音乐未发达时也是单音的。而将来我们进步后，也不得不走上复音一条路去。所以单音算不得是某民族音乐的特征，而是未进化的象征。此外，谱法之不准确、乐器制造之不精密等等，足以证实吾国音乐还未完全脱离幼稚状态。所以中西音乐之不同并非完全是根本上的歧义，而大半只是进步与未进步的区别。我们要能认清这一点，中国音乐就有进步的可能了。"

1928年5月3日，济南发生日本侵略者残杀中国军民的"五三惨案"，国立音乐院师生满腔义愤，创作了许多抗日爱国歌曲，《国难歌》《国民革命歌》《国耻》等11首作品被编入《国立音乐院特刊·革命与国耻》，还在国乐改进社的《音乐杂志》上转载。从此，以音乐为武器，声援革命斗争，参加爱国活动，成为学校的一个光荣传统。

1928年8月底9月初，《音乐院院刊》正式出版，蔡元培题写了刊名并写下发刊词。该刊到1929年7月1日时共出三号，刊登的重要文章有萧友梅的《古今中西音阶概说》、冼星海的《普遍的音乐——随感之四》、龙同玉的《对于国乐整理研究及教授法之我见》、朱英的《琵琶左右手全部指法记号说明》等，也有不少优秀的诗歌作品。

1928年10月，国民政府颁布了政令，教育部正式取代大学院。

1929年7月,南京政府修改大学组织法,取消了原组织法中关于艺术、音乐等学院需单独设立的条款,并以此为由,令音乐院改组为音乐专科学校。8月,国立音乐院正式改组为国立音乐专科学校,教育部任命萧友梅为校长兼教务主任。

《申报》在10月2日报道了国立音乐专科学校举行的开学典礼,蔡元培在演讲中说:"至大学组织法,在教部提案时,原列有音乐、艺术二院,其后经中政会议决交立法与审查时,始行删去,亦属憾事。……至音乐界之地位,原超然处于一切利害之外,艺术家而不能以牺牲之精神律已,即不能为真正之艺术家。……此后无论教职员,尚望雍雍穆穆,以和字为修身求学不二之方,则不第所学可望有成已也。"

从1927年11月至1929年7月,创立了一年零八个月的国立音乐院在蔡元培的支持和萧友梅的主持下快速走上正轨。萧友梅陆续聘请了一些留学归来的知名音乐家来校任教,比如留美回国的声乐组主任周淑安、声乐教员应尚能、钢琴教员夏瑜等名师,1936年又聘请从比利时留学归来的赵梅伯担任声乐组主任。同时,萧友梅还选聘了具有国际声誉的外籍音乐家担任声乐教员,比如俄罗斯著名钢琴家鲍里斯·查哈罗夫、俄罗斯男低音歌唱家苏石林。他们为国立音专的西洋声乐、器乐教育作出了重要贡献,为中国培养了大批音乐人才。

国立音乐院时期的许多学生后来都成了中国音乐界的核心人物,比如预科学生戴粹伦、丁善德、陈又新等人,专修科学生冼星海、张贞黻、洪潘、李献敏、劳景贤、陈振铎等人,选科学生裘复生,特别选科学生王湉恩等人。

1933年5月24日,萧友梅又以"改专以来,范围狭隘,精神教养不克尽量实施,艺术教育亦苦无由发展"为由,再度与林风眠联名呈文，请教育部恢复学院建制。在当时的形势下，这样的要求也是很难实现的。

1937年，日本全面发动侵华战争，上海沦陷后，租界成了"孤岛"。萧友梅向教育部提出将学校迁往桂林的申请，但未获得批准。学校经历了四次搬迁，在上海的公共租界一直坚持到抗战胜利。

1942年6月，南京汪伪政府接管国立音乐专科学校，学校名字又改回"国立音乐院"。国立音乐院开创了中国高等音乐学府从无到有的历史，承载着蔡元培的"美育"理想，在中国近现代音乐史和音乐教育史上奏出了振聋发聩的时代之声，那些纯粹而真挚的音符穿过时间的长河，依然动人心弦，影响着一代又一代音乐学子走进美学世界。

百年巨匠 Century Masters 蔡元培 Cai Yuanpei

第十八章 技近乎道

1927 年的 11 月 27 日，就在国立音乐院成立的这一天，在距离上海音乐学院不到 200 公里的西子湖畔成立国立艺术院的议案被蔡元培提上了日程，大学院艺术委员会召开了第一次会议，会议通过了在杭州创办一个国立艺术院的计划雏形。

蔡元培当时在上海建立了两个专委会，中央研究院的专委会和国立艺术院的专委会，各自代表了科学和艺术，蔡元培想要建立这两个方面的最高研究机构，同时也是教学机构。蔡元培为科技救国而建立了国立中央研究院，他对美育救国的实践便是建立国立艺术院。

蔡元培对国立艺术院的期许极高，他在一个月后的大学院艺术教育委员会上，发表了建设国立艺术院的提案，认为中国的第一所高等艺术学府不能设在政治中心，也不能设在经济中心，提出国立艺术院的选址应该远离城市的喧嚣，设在一个风景优美、人文荟萃的地方。

蔡元培考虑过川蜀、庐山、金陵等地方，在后来的提议案里他详述了选址建议："美育之目的，在陶冶活泼敏锐之性灵，养成高尚纯洁之人格，故为达到美育实施之艺术教育，除适当之课程外，尤应注意学校的环境，以引起学者清醇之兴趣，高尚之精神。故校舍应择风景都丽之区。建筑应取东西各种作风之长，而以单纯雄壮为条件，期与天然美相调和，而切于实用。环顾国内各省形势，以山水论，川蜀最奇，然地迫边陲，交通殊多未便；庐山为长江第一名胜，亦以去大埠略远，非有巨资不易建设；金陵为总理指定之首都，有山有水，办理固所宜也，但城市嚣张之气日盛，加以政治未上轨道，政潮起伏，常影响学校之秩序与安全。窃以为最适宜者，实莫过于西湖。盖其地山水清秀，逶迤数百里，能包括以上名胜之所长，而补其不足。且该地庙宇建筑，颇多宏丽，若就改造，可省建筑费一大部分。况庙宇所占之地，风景绝佳，欲另建筑，胜地已不易得。将来若能将湖滨一带，拨归艺大管辖，加以整理，设立美术馆、音乐院、剧场等，成为艺术之区，影响于社会艺术前途，岂不深且远耶！"

由此，国立艺术院的建校地址就定在了杭州西湖，大学院艺术委员会正式确定了创办国立艺术大学的完整方案，开学时间定为1928年3月16日，开学之前的这段时间，蔡元培等人要完成招生和聘请教师的工作，还要筹备教学设备和教学用具，时间极为紧迫。

蔡元培在筹备之初组建国立艺术院的创校班底时，就首先想到了以林风眠为代表的青年群体。他与这个充满创造力的青年群体的故事，还要追溯到1924年。

那个时候的蔡元培已坚定辞去北大校长的决心，北京政府被迫"慰留"，保留了蔡元培的校长名义。随后，蔡元培远走法国，在出国的这段时间里，他住在德法边境的斯特拉斯堡。

1924年5月22日，斯特拉斯堡的莱茵河宫是德国皇帝的行宫，以林风眠为首的26位旅法中国艺术家策划了史上第一个"中国美术展览会"。这个展览涵盖了中国古代和当代的艺术文化，是欧洲的第一个中国美术艺术展。

以旅法为主的一批艺术青年主导了艺术展，还有许多理工科的人一起帮忙。这群年轻人对中国的传统文化有很深的认识，他们怀着满腔热忱，不遗余力地把中国文化带到国际化的艺术舞台上。他们了解世界，眼界开阔，思想深邃，可谓潜力巨大。蔡元培看到这群朝气蓬勃的年轻人，如同看到了中国未来的希望。

林风眠正是这群青年里的创作骨干，当时的他还只是一个对艺术抱有无限热情的无名青年。他在斯特拉斯堡的展览上展出了《摸索》等42件作品，其中有水墨作品，也有油画作品，这些作品得到了欧洲同行的高度赞扬。

蔡元培在这个展览上发表了两次讲演，他在开幕式上提出各国文化之间的调和，即民族之间的调和，中国和法国追求优雅的艺术，德国追求壮美的艺术，中法这两个民族，便有了充分对话和调和的契机。蔡元培对东西方文化的调和观，也折射出他对世界文明史的一种兼容并包的理念。

晚宴的时候，蔡元培讲到了科学和艺术的调和。美术家在创作过程中会总结科学的创作方式，艺术里也就有了科学的价值，而科学家在他的事业里，也能收获美的享受。

蔡元培在座谈会上谈论的"以美育代宗教说"让在场的林风眠深受触动，同时也鼓舞了他对艺术的信心。蔡元培独具慧眼地看到了林风眠的才华，感受到这个留学青年独特的家国情怀和对艺术理想的坚定追求，对他印象十分深刻。

1925年5月，蔡元培特意去巴黎见林风眠，两人在一起畅谈了好几天，成了相见恨晚的忘年交。临别时，蔡元培还颇为用心地留下了三千法郎，资助生活困难的林风眠夫妇。

就在这一年，北平艺专要重新招聘校长，蔡元培马上替年仅25岁的林风眠报了名。林风眠便于这年12月坐上了回国的轮船，开始了他的艺术教育之路，此时的他还不知回国后将落脚何处。就在他到达上海准备下船时，他惊喜地看见码头上打着"欢迎林校长"的标语，这让他感到十分暖心。

然而，在国内推行艺术教育并非易事，林风眠执掌北平艺专的过程也不太顺利，不到两年时间，他就辞职了。1927年，蔡元培赠送林风眠100大洋，资助他南下，到南京担任大学院艺术教育委员会的主任，随后接手一项极为重要的任务——筹建国立艺术院！

林风眠和刚从巴黎回国的林文铮、北平艺专的好帮手王代之三个人一起到了杭州，进行建校的先期调研和前期沟通。蔡元培想在西湖边筹建艺术院，校舍成了一个急需解决的首要问题，幸运的是，林风眠很快打听到了一个西湖边上的好地方。

曾经有位犹太富翁哈同为他的中国太太罗迦陵在孤山脚下建了一个小别墅，杭州人称哈同花园。后来他把别墅还给了国民政府，房子原以他太太的名字命名为"rose（玫瑰）"，中国人叫它罗苑。罗苑宏大华丽，中西结合，庭内有假山奇石，各种花木，庭外碧波万顷，尽赏平湖秋月。在湖上观望，罗苑如一艘巨舫，与西湖美景交相辉映。

国民政府后来把罗院交给了第三中山大学，即后来的浙江大学，但学校一直没有把这座顶级的西湖豪宅使用起来，林风眠等人立马就去求借宝地。第三中山大学的校长正好是蔡元培的学生蒋梦麟。蒋梦麟立即答应出租宅地，并以一年一个银圆的价格，象征性地收取了租金，双方签字画押后，林风眠将一块银圆交给蒋梦麟，国立艺术院就在罗苑正式创建了。

1928年3月16日，以"培养专门艺术人才，促进社会美育"为宗旨的国立艺术院正式开学。这所学校建校不易，各种问题频频出现，年轻的林风眠在开学之初就迎来了一场不小的风波。

艺术院全校师生加起来不超过70个人，部分学生抱怨校园环境不好，甚至推翻了校园里的雕塑。林风眠对这些闹事的学生进行了处分，由此引发了一次学潮运动。为了平息学生运动，蔡元培决定亲自来一趟杭州，在 4 月 5 日这天补办开学典礼，阐明办学宗旨，以此稳定学校，同时支持当时年仅 28 岁的林风眠校长。

当时，林风眠在西湖葛岭下租了一座平房居住，总共十间房，房子白粉的墙壁掩映在花木之中，朴素而别致，但是作为一位大学校长的住房，却略显寒酸。

蔡元培带着太太和女儿一同前来，他安排女儿蔡威廉住在女子学校的学生宿舍，并提前给林风眠写信说："被褥整齐，自行携来，君下一榻可言。"

这位民国时期的重要教育家、政治领袖原本可以住到附近的高档酒店，却自己带着铺盖卷住进了林风眠的简陋平房里。蔡元培用心良苦，意在向全国教育界昭示他对林风眠的推崇和鼎力支持。

蔡元培在林风眠家里住了五天，两人进行了有关于艺术教育的诸多研讨，美育思想开始在杭州西湖边落地生根，悄悄萌芽。

4 月 8 日，国立艺术院举行了开学仪式，在座的有江浙沪的知名文人，还有蒋梦麟等教育界的重要人物，场面隆重，让众人对中国第一所高等艺术学府期待颇高。

蔡元培坐着黄包车来到了西湖边的国立艺术院，他面对全体师生做了开学演讲，发表了题为《国立艺术院是为研究学术而设》的重要讲话，刘开渠在现场认真记录下蔡元培训词的大意，随后整理发表在当天的《申报》上。

蔡元培一开始就表达了建立艺术院的初衷："大学院在西湖设立艺术院，创造美，使以后的人都移其迷信的心为爱美的心，借以真正地完成人们的生活。"

他在讲话的最后郑重地声明本次学潮运动的问题："大家要认明

白，艺术院不但是教学生，仍是为教职员创作而设的。学生愿意跟他们创作的就可以进来，不然不必来这里。这次的风潮，不是真的学生，是有别的政治作用，已竟（经）为浙江省政府除去。你们可以安心上课，教职员努力创作。不愿跟着教职员创作的学生，想作别的政治活动的学生，可以离开这里，到别处去，到社会上去做政客，不要妨碍他们创作。总之，艺术院是纯为艺术的，有天才能创作的学生，一万不为多，一个不为少。"

"来宾、新闻记者也请注意，学校为纯粹的学术机关，神圣之地，一个学生没有也不要紧；教职员能创作，一样可以办下去。不要以为学生少了，就不成学校，这一点大家不要误会了。艺术院的教职员诸先生，要大家一致的努力创作，不要看见发生了一点小事，就怕起来。嗣后再有什么不正当的活动，有浙江省政府来防御、制止。学生要安心上课，教职员诸先生一致创作，供之于社会，这是大学院所最希望的。"

蔡元培始终坚持学术要摆脱政治的干扰和束缚，国立艺术院是为研究艺术而设的，无论是在过去主事的北大还是现在的国立艺术院，蔡元培的建校宗旨和教学理念一以贯之，他对学术纯粹的坚持从未动摇，也永远不会改变。

林风眠在蔡元培的鼎力支持下，怀抱雄心壮志，全身心投入到国立艺术院的建设中，他在《致全国艺术界书》一文中热情地宣称："不论'五四'在文学同科学上的功劳多大，不论'五四'在艺术上的罪过好多，到底'五四'还是文学家思想家们领导起的一个运动！全国的艺术界的同志们，我们的艺术呢？我们的艺术界呢？起来吧，团结起来吧！艺术在意大利的文艺复兴中占了第一把交椅，我们也应把中国的文艺复兴中的主位，拿给艺术坐！"

在林风眠的带领下，20 世纪 30 年代的国立艺术院师生不仅搞创作、办展览，还进行艺术理论和批评研究，形成了一股推动中国"文艺复兴"的时代飓风。

当初在斯特拉斯堡举办的"中国美术展览会"上，蔡元培除了对林风眠的作品赞誉有加，还对林文铮的组织能力十分欣赏。林文铮和林风眠是同乡、同宗、同学，两人于 1920 年一起到巴黎留学，林风眠在巴黎高等美术学院学绘画，林文铮在巴黎大学学文学和西洋美术史。

如今，林风眠当了国立艺术院的校长，林文铮成了教务长兼西洋美术史教授，两人都是蔡元培"艺术代宗教"的信奉者和追随者，但二林的个性和专长是不同的。林风眠温和、宽容，不善言辞和行政工作。林文铮严格果决，组织能力强，擅于社交。性格和能力互补的两人，携手并进，为心中的艺术理想开拓着引领全国的美术教育事业。

蔡元培的长女蔡威廉从小成绩优异，尤其喜欢文学与绘画，《红楼梦》更是伴随了她的一生。她曾随父欧游，遍历法、德、比、意等国的美术馆，倾慕西方油画，立志要成为中国的达·芬奇。她毕业于法国里昂美术学院，是我国早期最优秀的女油画家之一，擅长人物画，所作的《秋瑾绍兴就义图》《天河会》《费宫人》均为令艺坛瞩目的佳作。

蔡威廉于 1928 年来到国立艺术院任教，初为讲师，后来升任教授。她性格温婉娴静，上课时轻声细语，但总是言简意赅地切中要领。她爱护并尊重学生，深受学生的敬仰和喜爱。没过多久，这位名门之女与打金匠之子林文铮结为伉俪，两人家庭幸福美满，事业风生水起，令旁人不胜羡慕。

蔡元培曾对女婿林文铮说："你不要从政做官，把一生精力投放在艺术事业中去，就在这里干一辈子，帮助林风眠把学校办好，他一个人是很难办下去的。"

后来，国立艺术院的学生最怕两只"老虎"，一只是俄籍图案教授杜劳，一只是教务长林文铮。林文铮亲手制定的《教务规程》十分严厉：凡学生因事因病请假，必须由训导长核准；有课目不及格，该留级留级，该退学退学，绝不通融；男女同学谈恋爱，开除。

当时全国的美术学校，大多管理松懈，自由散漫。杭州艺专却秩序井然，校风优良，为国家培养出了一批又一批美术人才。很多学校在新中国成立后才开始招本科生，国立艺术院早在1929年就开始招收研究生，第一个研究生是李可染。学校站在一个新的高点，继续开拓着中国高等教育的艺术前沿阵地。

从小喜爱美术且颇有天赋的刘开渠曾考入北京美术学校，得名师授课，毕业后辗转来到南京国民政府大学院担任抄写员，兼做刻蜡版的工作。刘开渠苦于一天到晚抄抄写写的状态，感觉完全丢掉了所学的专业知识。

1927年10月的一天，一心求上进的刘开渠鼓起勇气向蔡元培提出想去法国学雕塑的请求，蔡元培沉思片刻，温和地对他说："想到法国去学雕塑是好事情，我们中国还没有派过专人去学，我记着这件事。"

杭州国立艺术院成立后，刘开渠担任艺术院的助教兼图书馆主任。他在开学典礼时，又见到了蔡元培，便再次提出去法国学习雕塑的愿望，蔡元培笑着说："你的事，我一直记着，有机会就让你去！"

就在第二个月，刘开渠收到了大学院发来的公函，大学院以"驻外著作员"的身份派刘开渠往巴黎学习雕塑。刘开渠得偿所愿，无比兴奋，但他很快又开始为钱发愁。

驻外著作员的月薪只有 80 元，80 元都不够买船票。蔡元培笑着对他说："我已经给你想好了，你先提前支半年的工资，接着再预支半年的工资，是一年的了。我还可以给你写封信给中法联谊会，转请法国轮船公司，票价可以打个折扣，这不就解决了？"

刘开渠一展愁容，再无顾虑，如愿地踏上了期待已久的雕塑深造之路！后来大学院撤销了，蔡元培仍叮嘱教育部继续寄薪水给刘开渠，支持着他在法国的学业。1932 年，上海爆发一•二八淞沪抗战，教育部（大学院）不再寄钱，蔡元培便及时给刘开渠写信，让他回国。

刘开渠留学回国后，变化很大，他不喜张扬，变得神情缄默，说话低调。老同学雷圭元说他："带回来一手本领，而把嘴巴忘记在巴黎。"当杭州市政府要把建《陆军八十八师淞沪战役阵亡将士纪念碑》这个重大任务交给刘开渠时，许多人都持怀疑态度。

刘开渠心无杂念地说："一个艺术家的天职是创造新生命，所谓创造者，就是寻求真理，发现人心深处的真感情。"他尽量去熟悉淞沪战役的情况，塑造出八十八师有血有肉的将士形象，每天至少有九个小时都在狭小的工作室里工作，常常忘记了时间和饥饿。

1935 年，刘开渠精心制作的《陆军八十八师淞沪战役阵亡将士纪念碑》顺利完成，他塑造了一个普通战士和一个普通军官的形象，通过两个军人立像、四块浮雕来表现中国人民不畏强暴、不怕牺牲的英雄气概。这个作品矗立在杨柳依依的西湖边，收获了无数赞誉。林文铮赞扬道："我敢大胆地说：中国近年来各处所兴造的铜像之中，这是唯一比较有永久性的作品！"

有一次刘开渠去看望蔡元培时，正好鲁迅也在，蔡元培立刻把他介绍给鲁迅。鲁迅曾是美术处的处长，不但推动过中国版画的发展，对美术理论和其他艺术门类也颇有研究，其中就包括雕塑艺术。鲁迅说："过去做泥菩萨，现在该轮到做活人了。"这句话对刘开渠的艺术创作影响很大。

刘开渠在新中国成立后参与并领导了人民英雄纪念碑的建造工作，创作出《胜利渡长江解放全中国》《支援前线》《欢迎解放军》等浮雕代表作，成为中国雕塑事业的开创者之一。

他在《蔡先生帮助我赴法学习雕塑》一文中无比感激地提到蔡元培，真切地说道："我和蔡元培先生非亲非故，他又比我年长二十来岁。我能学上雕塑，完全靠的是蔡元培先生的培养。可以这样说，没有蔡先生的帮助，我不仅不能搞上雕塑，很可能连美术这个专业都失掉了。"

在国立艺术院第一届和第二届学生毕业时，蔡元培为学生们的毕业纪念册题写了"技近乎道"，以作勉励。他希望这所有着浓厚现代艺术气息的院校要关注中国自身的艺术之道，而庄子的"技近乎道"四个字便深刻诠释着中国的艺术之道。艺术作品创造的过程也是艺术家的自我创造过程，更是他们的悟道过程。

今天的中国美术学院倡导哲匠之道，学生要像哲学家一样思考，如工匠般劳作，学校倡导从艺术经验出发的新人文教育，主张艺理兼通，道术相继，学养相成，与蔡元培的"技近乎道"一脉相承。

"中国古代美术亟待整理，东西两源美术及思想亟待研究与调和，未来之艺术，尤待创造。"林风眠的这句话成为国立艺术院建校时一个非常明确的办学主张，林风眠的教学主张凝练为四句口号：介绍西方艺术，整理中国艺术，调和中西艺术，创造时代艺术。

这四句话成为学校的建校灵魂，它贯穿了百年，一直到今天，仍然笼罩在这所学校的学术上空，引领着学校的发展。

蔡元培是美育教育的最早提倡者，也是现当代高等艺术教育的创

蔡元培题写的"国立艺术院"校名

建者。他有着丰富的经历和独到的眼光，也有着本土立场和国际视野的系统思维，他从国立艺术院成立之时，就站在中国艺术的最前沿，站在中国艺术教育的最高点，并打造出国立艺术院的三种精神：独特的使命精神、独特的先锋精神以及独特的诗性精神。

国立艺术院在1930年改名为国立杭州艺术专科学校。全面抗日战争爆发后，学校在湖南与北平艺专合并为国立艺术专科学校。1945年，国立艺专复学杭州，学校在解放后先后改名为中央美术学院华东分院、浙江美术学院。1993年，学校正式更名为中国美术学院。

经过近百年的发展，中国美术学院始终交叠着两条明晰的学术脉络，一条是"兼容并蓄"，一条是"传统出新"，都深深印刻着蔡元培的教育思想。

蔡元培对美术教育事业的投入，成就了中国美术学院的艺术锐意出新、人文健康发展的学术环境。迄今为止，中国美术学院的大门上仍然保存着蔡元培在1929年亲题的"国立艺术院"校名，以人道为教育，用艺术唤人心的理念，至今仍熠熠生辉。

百年巨匠 Century Masters 蔡元培 Cai Yuanpei

第十九章 「闳约深美」

1912年1月，蔡元培就任民国首任教育总长，在这一年首先将"美育"一词引入了中国。同年，年仅17岁的刘海粟在上海创办了一所私立美术学院——上海图画美术院，这所学校成为中国第一所私立现代美术高等学校。当时，蔡元培和刘海粟并不相识，多年以后，这两个年龄相差28岁的人却成了至交好友，两人共同携手，全力推进着中国的美育事业。

最初，刘海粟深感清朝末年的时局混乱和社会黑暗，他不愿百姓意志消沉，想通过艺术来启迪民智，拯救国民。于是，他从家里拿出一笔钱作为教育经费，来到上海和他的画友乌始光、张聿光创办了上海美术专门学校。

刘海粟有位姑父叫屠寄，是北京大学研究蒙古史的教授，屠寄假期返回故乡常州时，总会向刘海粟讲起他在外的经历，还常常谈到校长蔡元培的人品和学识，使得刘海粟很早就开始对从未谋面的蔡元培敬佩不已。

刘海粟在常州老家时，开始读蔡元培写的《中国伦理学史》，这本书对少年刘海粟触动很大。刘海粟在后来所写的《忆元培先生》中评论《中国伦理学史》是以"显著篇幅介绍黄宗羲、戴震及俞正燮三家学说，鼓吹民权与女权，发前人所未发，令人猛省，带有拓荒的意义，使我耳目一新"。

刘海粟在上海开办私立美术学院后，对蔡元培的教育学说一直密切关注，即便是外出写生，他也不忘带着蔡元培的著作，在空闲之余研读。1917 年，蔡元培在《新青年》第 3 卷上发表了题为《以美育代宗教说》的文章，成为第一个想用美育改造国人思想的先行者。刘海粟十分赞同蔡元培所说的"舍宗教而易以纯粹之美育"，他很快鼓起勇气，给蔡元培写了一封信，希望蔡元培能支持上海美专的教育改革。

刘海粟说，不管蔡先生有空没空回我，我会一直表达我的想法，我的理想跟蔡先生的思想是吻合的。让他欣喜的是，蔡元培竟然真的回信了，他在信中态度明确地表示非常支持上海美专！

当时，全国还没有艺术学校，蔡元培就让北大学生会与已经改名为"上海图画美术学校"的学生们建立联系，加强交流。1918 年 3 月，蔡元培在北京大学画法研究会成立之初，就致函刘海粟的学校："贵校成立数载，宏效卓著。鄙校同人现发起画法研究会，思得成法，以资步趋。"

蔡元培对上海图画美术学校的教学成绩十分认可，他向刘海粟表达了携手共进的意愿。一个月后，蔡元培题写了"闳约深美"四字，请刻工用楠木雕刻制匾，将这份礼物从北京运到上海，赠给了上海图画美术学校。

刘海粟在《忆蔡元培先生》一文中详细阐释了"闳约深美"的深意：

> 宏——指知识结构要博大宏伟，兼收并蓄，了解邻近各个知识部门之间的内在联系，广泛吸收，加以贯通，打下结实基础。知识贫乏，思想也会随之简单化，想取得卓越的成就是不可能的。

约——生命有限，时间宝贵，任何杰出的巨人，不可能在很多方面都获得惊人成果。当基础打好之后，由博趋约，从十八般兵器中选择一两种最合手的武器，否则精力分散，顾此失彼。贪多而消化不良，势必一事无成。一代学术大家梁启超还说："吾辈病爱博，用是浅且芜。"一般人的主客观条件比不上梁先生，局限性更大，由博的基础上，辩证地解决博与约的对立统一关系。

深——指精通、发展、创造。在约的前提下重点突破，究本穷源。俗话说"打破砂锅问到底"。为学之乐，多在深中。在一般人深不下去的地方，你能够再开掘一层、两层以至很多层，自然会有新境地被你发现，不会人云亦云了。

美——美是指一种理想的境界，求学的人只能处于永恒的探索之中。美的疆境阔大无垠。比如登山，觉得前面的山峰高与云齐，上去之后，上面还有高山，不会有止境。对任何一门学问达到一定程度的完美，都要付出巨大的劳动，不劳而获的事是不会有的。天才便是苦干积累起来的智慧。

总之，这四个字对美专师生，包括我个人，都起到了座右铭的作用。

这四个字来源于王国维在《人间词话》里对唐代诗人温庭钧的词所做的评价，原话为"深美闳约"，蔡元培将顺序调换，改为"闳约深美"——"闳"是包罗万象，"约"是一种规矩，"深"是在学术上追求精进，"美"是一种艺术境界。"闳约深美"是蔡元培对刘海粟的办学提出的要求，也是他对中国的美术教育提出的发展方向。

在1918年5月的一次全体性教授会上，"闳约深美"的牌匾就挂到了学校大礼堂正面的墙上，这次会议决定为下个月即将毕业的学生举办第一届成绩展。由此，在第一届学生成绩展的照片上，"闳约深美"的题词首次出现在公众视野里。这块牌匾在学校的礼堂上悬挂多年，这四个字也成为学校沿用至今的校训。

1918年11月25日，刘海粟创办了我国第一本美术学术杂志——《美术》，蔡元培亲自题写了刊名，刘海粟在《美术》第一期的"发刊词"中说："所愿本杂志发刊后，四方宏博，悉本此志，抒为崇论，有以表彰图画之效用，使全国士风咸能以高尚之学术发扬国光，增进世界种种文明事业，与欧西各国竞进颉颃。俾美术前途隆隆炎炎兮，如旭日之光；蓬蓬勃勃兮，如阳春之景。则日月一出，爝火当然不明，斯时不佞终庸赞一词矣。"

《美术》主要登载古今中外的美术史、画家论、画派论、美术教学研究等专论，报道国内外重要的美术活动，重点介绍西洋美术的色彩学、透视学、构图学、艺用解剖学、素描、写生等专业知识，辅助性刊载相关的美术作品图版，还会针对美术界的情况发表时评。

鲁迅对《美术》寄予厚望，他以笔名"庚言"在《美术》杂志第一期里撰文："可以看出主持者如何热心经营，以及推广的劳苦痕迹，希望从此引出许多创造天才，结得极好的果实……这么大的中国，这么多的人民，又在这个时候，创办《美术》杂志，确如雪中送炭。"

自1916年以来，上海图画美术学校常常收到各处来信，要求开放女禁。到了1919年春季，丁素贞、史述等毕业于神州女学图画专修科的女子苦于没有学校继续深造，屡次联名致书美专，申请插班学习。5月13日，学校在教务会议上商议了下列问题：（一）先收插班女生，限定名额；(二)须经严格的入学考查；(三)秋季招考即行宣布；(四)由学校办理膳宿。以上四条经多数人赞同，通过会议表决后，开始正式实施。

到了秋季开学之时,上海图画美术学校总共招收插班生11人,其中包括刘海粟的姐姐刘慕慈。由此,这所学校率先在美术界落实了教育平等的理念,开始了男女同校的教学。

这年12月,上海图画美术学校成立了校董会,校董会一致推举蔡元培为主席,蔡元培因到上海来的时间较少,就委派他的学生黄炎培在上海美专校董会全权代理校务。第一届校董成员除了蔡元培,还有康有为、梁启超、蒋百里等业内名家。

1921年7月1日,学校更名为"上海美术专门学校",改西洋画科、雕塑科的学制为四年,其余各科均为三年。从这一年起,蔡元培把刘海粟介绍进了研究中国高等教育的社团——中华教育改进社。在军阀混战的时期,国内政权很不稳定,国家教育制度也没有真正确立,蔡元培想把这个新型的艺术教育学校拉进中华教育改进社,也是希望这所学校为日后制定教育制度和法令法规有所贡献。

北京也有国立美术学院,1922年,刘海粟打算去北京拓展见识,和北京艺术界的朋友进行学术交流,于是,他又给蔡元培写了一封信。

蔡元培接到刘海粟的来信,非常支持他的这次出行。蔡元培很早就注意到了刘海粟发表在报刊上的有关梵高、塞尚、高更及后期印象派的文章,顺势邀请他到北京大学画法研究会来讲学,给他定下的讲题是《欧洲近代艺术思潮》。

12月14日,刘海粟乘坐三等火车兴奋地北上,这是他第一次入京,火车走得很慢,在南京、徐州都停了很长时间,人到北京的时候,已经十分困倦。但当他走出车站时,看到了绵亘如龙的城墙,巍峨壮丽的前门,微波粼粼的护城河,万里无云的天空,还有在街上昂首阔步的骆驼，刘海粟首次领略了北国风情，所见的一切都让他感到新鲜，所有的疲惫瞬间一扫而空。

然而此时，蔡元培却不在家，他因身患足疾，刚刚做完将脚上的一块骨头切掉的手术，现在正在德国医院住院康复。蔡元培当时还在画法研究会，亲自教授美学课程，如今被迫在医院养病，不能正常授课，就邀请刘海粟去学校代课，给画法研究会的学生们教授美学。

刘海粟赶来医院看望蔡元培，他和蔡元培首次见面，感到有些紧张。当他走进病房时，见到让他敬重已久的蔡元培，蔡元培心情舒畅，状态很好，桌上放着他日常使用的眼镜、钢笔和记事本，也有毛笔和墨盒。小桌和床边都堆放着很多德文和法文书，大多是美学论著，也有少量日文书刊，一本莱比锡印制的西欧名家画集装帧考究，格外引人注目。

"刘先生来得正是时候，我在医院里很寂寞，看了一些评论艺术的著作和画册，欢迎你常来谈谈，互相研究！"蔡元培的声音一如既往地温和。

"我很年轻，治学办校皆无经验，修养差，请蔡先生多多指教！"刘海粟有些拘谨。

"你已经画过很多年，有一定心得，用不着过谦。北大成立了画法研究会，美学一课暂时没有人讲，我上了一段时间，因为生病停止，你来之后可以给研究会学员一些新知识。我希望这个研究会对中国画坛的除旧布新能起一点启蒙作用，才强调从事美术的人要终身不舍，兴到即来，时过情过，不持之以恒，断无成就。"蔡元培表情严肃，却流露出对于年轻一代的爱护之情。

首次见面，刘海粟感受到蔡元培一代师表的博大胸怀和对年轻人的信任和关爱，他当场给蔡元培画了一幅肖像《病中的蔡元培》，把蔡元培的神态刻画得极为生动，蔡元培非常喜欢这幅临时起意却颇有意义的画作。

刘海粟对于上课之事一直十分担忧，他虽然写过几篇论述印象派和后期印象派的文章，但毕竟没去过欧洲，原作风貌如何，他没有见过，在国内的报刊上，他也几乎没有看到过较有学术价值的著作和译文，所以心里总是感到很不踏实，不知道怎么去讲。

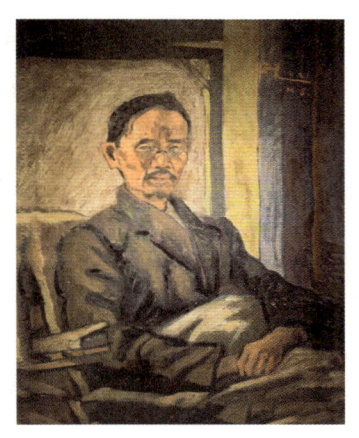

《病中的蔡元培》（1922年）

"要上课了，老先生可有什么嘱咐？"刘海粟向蔡元培请教。

蔡元培觉察出了刘海粟的焦虑，鼓励他说："要大胆，镇定自若，我读过你办的《美术》杂志的文章，有一定水准；再者你的画笔会说话的。我不会画，都在讲美学，你遇到说不清楚的时候可以用笔来说，画给他们看也很好。不过，不能以导师自居，以平等的身份对待青年学子，他们一定会拥护你。真正遇到在课堂上不好回答的难题，可以跟学生们一起商量，这样很快就建立感情，有什么不足之处他们会告诉你加以改进的。青年们极为可爱，不为他们奋斗，我们治学做事有什么意思？"

蔡元培的话给刘海粟打好了一个心理基础，他也就有了一些底气和信心去讲课。不久之后，刘海粟穿着翻领的皮大衣踏进了北大教室，才二十多岁的他仿佛担心自己镇不住场，竟在上嘴唇留起了胡须。讲台上的刘海粟逐渐游刃有余起来，在蔡元培的支持和推荐下，高等师范等学校也陆续邀请海粟讲学。

在北京的这段时间，刘海粟一直十分用功，一有空就去找地方画画。蔡元培看着这位努力勤奋的艺术青年，十分欣慰，他提议刘海粟去开一个小型画展，让北京美术界的人都来品鉴，加深艺术作品交流。蔡元培亲自起草了《介绍画家刘海粟》一文作为画展的序言，并将这篇序言发表在了《新社会报》和《东方杂志》上。

刘海粟就在一个大学的操场上办起了画展，展览期间，油画、素描、水彩等作品装点了开阔的操场，这是刘海粟的第一次个展，这位在北京初露锋芒的青年画家很快收获了不少赞誉。展览会的成功让26岁的海粟喜出望外，而让他终生难忘的还是蔡元培的那篇序言。

上海美术专门学校是私人创办，要想得到社会的认同，还得通过政府的立案来获得一份重要的信誉保障，这也是刘海粟来北京的重要目的之一。

蔡元培对上海美术专门学校立案之事也十分上心，他向时任教育次长的历史学家陈垣引荐了刘海粟，并在信中写道："上海美术专门学校刘海粟君，长于新派油画，近日来北京游历，作画多幅，不久将在高师开一作品展览会。深慕硕学，亟思请教，敬为介绍，幸赐接见。"

大约一个月后，蔡元培再次致函陈垣为学校立案的事进行疏通，为了美专顺利立案，蔡元培也是颇费心力。1922年3月，蔡元培和刘海粟一直在为学校立案的事频繁通信，最终，在两人的齐心协力和里呼外应之下，上海美专在5月份由教育部正式批准立案。

上海美专先后聘请了吴昌硕、张大千、潘天寿、潘玉良等中国一流的教师，在学术上也经常邀请胡适、徐志摩、陈独秀、梁启超、黄炎培、张君劢、傅雷等著名学者来校讲学。有时，蔡元培也亲自去学校讲学，在思想上给学生启蒙，在专业上为学生领路。

除了学界大师，刘海粟还挖空心思从市井街头搜罗民间高人。朱振伦没有学历，在上海的城隍庙摆摊做雕刻，他特别擅长黄杨木的雕刻，雕出来的作品惟妙惟肖，独具慧眼的刘海粟就把他请到学校，担任雕塑教授。学校的老师听了谭抒真的提琴演奏后，赞叹他的琴艺，就向刘海粟推荐了这个年轻人，刘海粟当即就决定聘他为教授，谭抒真随即从学生变成了高校教授。

刘海粟不拘一格招揽人才，他的魄力成就了上海美专的强大师资阵容，其开放包容的教育方针，与蔡元培倡导的"学术自由，兼容并蓄"一脉相承。

刘海粟超前的艺术理念一直让他处在舆论旋涡当中，上海美专在美育的探索过程中，成为国内第一个启用女裸体模特的艺术学校。刘海粟的"人体模特风波"一次又一次地出现，让他长期遭受世俗的非议和责骂，到了1926年，一次致命的冲击向他袭来。

1926年5月，报纸上刊登了一篇题为《上海县长危道丰严禁美专裸体画》的文章。刘海粟随后在《申报》上发文《刘海粟函请孙陈两长申斥危道丰》，驳斥危道丰的言论。

危道丰和当时的直系军阀首领孙传芳曾在日本士官学校有同窗之谊，他与孙传芳见面时就把当日的《申报》呈给了孙传芳，孙传芳听信危道丰的话，站到了危道丰这一边。刘海粟仍不妥协，孙传芳随后发出一道"通缉刘海粟"的密令。最后，经过多方势力的协调，刘海粟最终接受了法庭的判决，以罚洋50元的方式，结束了这场风波。

1927年，"四·一二"的血光笼罩着全国，政府宣布通缉"学阀"，刘海粟、黄炎培在内的15人都上了学阀名单。在危机重重的时局下，刘海粟被迫逃到日本，直到蔡元培在这年10月就任大学院院长，函催他回国后，他才再次回到了上海。

当时的洋书店专门售卖一些外国进口的洋画册，刘海粟看着这些画册深有感触，他去找蔡元培，提出为了把美术学院搞得更好，想去欧洲学习世界级大师的作品。但此时的他因经济困难，无法负担出国留学的费用。蔡元培支持他的想法，很快帮他争取到了一个公费出国的名额。

1929年2月，刘海粟准备乘船去法国，蔡元培、黄炎培等很多友人都来送行，祝他早日学有所成。刘海粟感激这个机会，更感激蔡元培不遗余力地支持。

蔡元培笑着说："这不是为了你，也不是为了我和大学院，而是为了很需要大艺人来振兴美育的祖国，希望在中年人青年人身上。为这些人挺身请命，披荆斩棘，是老年人的义务！"

蔡元培还说，法国的消费高，如果你作为一个留学生或考察学者，却挥金如土，外国人会看不起你，认为中国人没出息，如果你很穷，却非常努力地学，他们反而会敬佩你。

刘海粟一直把蔡元培的这番话铭记在心，他以驻欧特约著作员的身份，赴欧洲考察美术，这次出国也成为他艺术生涯中的一个重要转折点。

来到法国的刘海粟一直在勤奋学习，他最喜欢印象派的作品，在法国学到了各大名家的画法，还见过巴勃罗·毕加索、凡·东根、安德烈·特朗等大画家。他在早上学完法文之后，就到卢浮宫或奥赛博物馆临摹，下午在格朗休米亚画院选修人体和速写课，晚间给《申报》写《欧游随笔》。他时刻记着蔡元培的教诲，一边学习，一边到各大学校去讲学，传播中国文化和东方美学。

1931年4月的一天，卢浮宫门前的广场上挂起了日本国旗，日本政府在卢浮宫前的外国作家博物馆里举办日本绘画展览会。这次画展震动了巴黎艺术界，他们一致认为日本绘画成为世界艺术的高峰。

刘海粟心有不甘，开始和同学一起商议筹组旅法艺术协会，他写信给蔡元培和时任教育部部长的蒋梦麟，又写信给文化基金委员会，请求经费支持。可最终只有蔡元培回了信，其他人都没有回应。蔡元培认为在国外宣传中国文化，需要集合更多人的力量才能做到，以后要有合适机会才行。虽然这次没有实现留学生们在欧洲各国举行画展的计划，但这次尝试却成为后来在德国举办中国现代绘画展览的先声。

1931年，刘海粟收到了德国的邀请，德方请他们去举办一场中国现代画展，费用由德国使馆和刘海粟各自承担一半，定于1934年1月开展。中国的首席代表是蔡元培，整个过程在他的大力支持下顺利推进。上海处专门组织了一个团体，策划德国展览的整个过程。

1934年1月20日，中国现代画展在柏林市巴黎广场普鲁士美术馆隆重开幕。刘海粟穿着蓝色长袍出场，一阵中国艺术之风席卷开来，中国现代画展很快点燃了观展人的无限热情，中国现代艺术一时间受到德国民众的极大关注。

15天的展出时间里，每天都有观众拿着当天的报纸排着长队候在美术馆门前，等着刘海粟前来为他们签名。有时因为人多，刘海粟来不及一一签名，只写个"海"字，他们就很满意了。

后来画展尚未结束，经费就已经用完了，刘海粟开始售卖自己的画作，还做了私人借贷，用这些钱坚持完成了这次巡回展出，最终画展的累积观看人次高达百万以上。

1935年9月21日，蔡元培设宴邀请来黄宾虹、吴湖帆等一百多位名士大家，特意给回国的刘海粟接风洗尘。蔡元培在宴会上说："刘海粟先生此次代表吾国赴德举办中国现代画展，获得无上光荣与极大成功。在柏林展览后，引起各国之注意，两年间在欧巡回展览十余处，震动全欧，使欧人明了吾国艺术尚在不断地前进，一变欧人以前之误会。因其他国家对各国宣传艺术，以东方艺术代表自居。吾国以前则未及注意。此次画展之后，移集欧人视线，此固吾全国艺术家之力量所博得之荣誉，而由于海粟先生之努力奋斗，不避艰辛，始有此结果，此等劳绩与伟大精神，实使吾人钦佩与感谢。"

就在刘海粟经历"人体模特风波"的那一年，上海美专还经历了一场学潮风波，教授正在上课时，外面进来了一个学生，教授对学生进行了严厉呵斥，要求学生离开教室，双方发生了肢体冲突，矛盾也随之升级。此事引起了全校学生对这位老师的不满，学生们集体要求罢免这个老师。

刘海粟和学校教授决定提前放假，放学生回家，从而阻止学生聚集闹事。蔡元培对这个治标不治本的办法并不同意。年轻气盛的学者们依然坚持己见，退还了学生的食宿费，结果引发了学生更大的不满。

刘海粟从欧游回来后，他的教学思想有了改变，变得更善于倾听，更容易接纳学生的意见。他去学校图书馆时，查看了学生的借书记录，发现学生王振是借书最多的一个。他随后把王振这个一米八的大高个请了过来，鼓励他多学习，而他第二次找王振谈话，却是因为另一个学潮事件。

学生们抱怨学校伙食不好，又准备闹事，刘海粟得知王振是食堂组织的领头人之一，就再次找到了王振。刘海粟向王振进行了一次耐心细致的详谈，他提到自己想办一个媲美欧洲艺术的美术学校，想让中国的学生学到前沿的美术知识，但整个建校的过程非常困难，他把私人财产全都投入到学校建设中，自己却常常一贫如洗。他如果去做一个单纯的画家，可以拥有很好的生活，如果学生继续闹事，学校办不下去，大家就会失去一个难得的学习场所，这对他而言，没有太大的影响，但对学生本身来说是一个巨大的损失。这番交流之后，王振更加理解了学校的难处，他主动向学生们做了一些解释工作，也将学生们的意见转达给了刘海粟。

这件事情最终得到了妥善地解决，刘海粟的治学和管理方式一直深受蔡元培的影响，他对蔡元培的感激之情远不止于事业上的支持和帮助。刘海粟后来对女儿刘蟾说："蔡先生，他真是了不起的一个人，是一个教育界的模楷，是真正的泰斗，他没有自己，全心全意为大家，为这个学校，为这个教育，没有蔡先生就没有我的今天。"

1930年7月1日起，学校遵教育部令更名为"上海美术专科学校"，上海美专逐渐进入了鼎盛时期，培养了大量美术人才。

学生韩乐然于1923年入党，成为中国艺术界最早的一名共产党员。学生黄镇是唯一一个参加长征全过程的画家，他画的长征速写由人民美术出版社出版，感动和震撼了无数读者。学生吴印咸在后来去了延安后，成了毛泽东的专职摄影师，拍下了许多珍贵的历史时刻。

学生沙飞在1936年10月8日，拍下了鲁迅先生生前的最后一张照片：先生身着长袍，挺着胸脯坐在藤椅上，左手还夹着一根香烟。在他的身旁坐着四个青年，他们正在聚精会神地听先生说话。这张照片就是有名的《鲁迅先生最后的留影》。

1952年，新中国成立后全国高等院校进行了全面的院系调整，上海美专与苏州美术专科学校、山东大学艺术系合并为华东艺术专科学校，学校后来迁至南京，改名南京艺术学院，刘海粟继续担任院长。

在 1926 年上海美专成立 15 周年之际，蔡元培受邀为学校题写校歌，歌词最初有 17 句，几年后重新调整为十句。如今，当我们拨打南京艺术学院（历经多次合并、改名，上海美术专科学校于 1959 年更名为南京艺术学院）的固定电话时，就能听到这首穿越历史时空、传递美育思想的动人旋律：

> 我们感受了寒温热三带交换的自然，
> 承继了四千年建设文化的祖先，
> 曾经透彻了印度哲理的中边，
> 而今又接触了欧洲学艺的源泉。
> 我们的思想应如何博厚？
> 我们的兴会应如何郁茂？
> 我们的创作应如何丰富？
> 我们将要与巨灵击掌，
> 不可不把细弱的手腕，养成强壮；
> 我们将要与夸父竞走，
> 不可不把短少的足力，养成耐久。
> 我们希望到发达时期，有伟大的影响，
> 不可不于幼稚时期有完全的修养。
> 啊！我们有了摇篮了！
> 可爱呵，我校建筑的清闲！啊！我们有了乳糜了！
> 可爱呵，我校设备的周至！啊！我们有了保姆了！
> 可爱呵，我校教师的优异！

我们现在彻底的受了母校的陶熔，

将来要在世界上发扬我们祖国的光荣！

啊！可爱的祖国！万岁！啊！可爱的母校！万岁！

百年巨匠 蔡元培 Century Masters Cai Yuanpei

第二十章
巨匠永恒

1935 年，年近 70 的蔡元培写了一篇文章，名为《假如我的年纪回到 20 岁》，他在文章中言简意赅地回顾了自己的一生，在登科及第后成为翰林编修，经历了戊戌变法的失败，开始关注西方文化，年近四十去欧洲留学，将眼界拓展到全世界。假如他能回到 20 岁，他一定好好学外语。除了英语、德语，他还要学希腊语、梵语、法语、意大利语等语言，掌握这些语言以后，他再去学自然科学，然后去做他心中最爱的美学和世界史。

文章流露出蔡元培对学习的热爱和求知的愿望，也表达出他对美学无止境的追求。然而战乱年代，蔡元培的这个心愿变得极为奢侈。

1937 年，抗日战争全面爆发，上海、南京等大城市相继陷落。战争打乱了中国科学技术正常发展的局面，为了保存中国科学研究的火种，完成未竟的科技事业，蔡元培决定将中央研究院西迁至昆明、重庆等西南边陲，在后方继续坚守。蔡元培作为中央研究院的院长，原本打算把香港作为中转站，然后前往重庆，与已经迁驻重庆的中央研究院总办事处会合。

11 月 27 日，蔡元培在亲友的陪同下，由上海乘法国邮轮抵达香港。然而此时的蔡元培已经 71 岁，年老体弱的他又带病在身，经不起长时间的颠簸。他到了香港后就无法继续赶路，只好推迟了行程，在王云五的照料下，暂住在香港商务印书馆的临时宿舍里。

蔡元培当年担任教育总长时，王云五就写下一封信表达他对中国高等教育的看法。蔡元培看了之后，十分认可，立即邀请他到教育部工作。两人由此相识后，成了挚友。王云五担任过北大的英语教授，后来去了上海商务印书馆发展，现任总经理，已经出版了许多有价值的书籍，其中包括一些新兴的教科书。王云五一直在为中国的文化教育事业积极贡献力量，也为商务印书馆开创了出版事业的新局面。抗战爆发后，王云五也来到了香港，他安置好蔡元培后，经常渡海从港岛到九龙来与他相见。

一个月后，蔡元培的夫人周峻带着子女来到香港，一家人在九龙柯士甸道156号暂住。全国局势日益严峻，蔡元培的身体也越来越差，前往西南的计划也被迫取消了。

蔡元培化名周子余，在香港隐居起来，此后的时间里，他深居简出，静心养病，最主要的工作就是和西南的中央研究院保持联络，领导中央研究院的事务。

1938年2月，蔡元培在香港酒店主持了中央研究院的院务会议，总干事朱家骅和各所的所长纷纷赶来香港参加会议，会议最终议决了七项提案。此时，中央研究院的各研究机构已经迁到重庆、昆明等地，各个机构在极其困难的战时条件下，全力维持着科研工作。

国民党四大元老之一的张静江要赶往美国，他在途经香港时，邀请蔡元培与其同行。蔡元培辞谢了这位老友的好意，只说道："以身负中央研究院职责，文化学术工作，关系国家百年大计，未可一日停顿，实不能远离。"

蔡元培始终关注着中央研究院在西南大后方的情况，每次收到相关函电，他都要记入日记里。在香港停留的这段时间，蔡元培几乎只跟王云五几人来往，很少公开露面。唯一的一次公开活动就是1938年5月20日在圣约翰大教堂举行的一个美术展览，保卫中国大同盟和香港国防医药筹赈会盛情邀请蔡元培出席活动,并进行演讲。

这次的美术展览由港大的斯洛斯教授主持,港督罗富昌也受邀出席,蔡元培受到了很高的礼遇,他演讲的内容由王云五翻译成英文,他在演讲中积极宣传他的"美育抗战"精神:

> 当此全民抗战期间,有些人以为无赏鉴美术之余地,而鄙人则以为美术乃抗战时期之必需品。
>
> 抗战时期所最需要的,是人人有宁静的头脑,又有强毅的意志。"羽扇纶巾","轻裘缓带","胜亦不骄,败亦不馁",是何等宁静!"衽金革,死而不厌","鞠躬尽瘁,死而后已",是何等强毅!这种宁静而强毅的精神,不但前方冲锋陷阵的将士,不可不有;就是在后方供给军需,救护伤兵,拯济难民及其他从事于不能停顿之学术或事业者,亦不可不有。有了这种精神,始能免于疏忽、错乱、散漫等过失,始在全民抗战中担得起一份任务。
>
> 为养成这种宁静而强毅的精神,固然有特殊的机关,从事训练;而鄙人以为推广美育,也是养成这种精神之一法。

1939年7月,国际反侵略运动大会中国分会推举蔡元培为名誉主席,不少海外友人不断来函,请他移居新加坡或菲律宾等地,蔡元培都婉言谢绝了这些好意。后来,中央研究院若干机构迁到云南昆明,蔡元培又向王云五等人透露过想转赴昆明的意向,大概是因为身体原因,他最终还是放弃了。

这一年,一些爱国志士邀请刘海粟去南洋举办一系列大型画展,以此筹款支援抗战,救济后方的受灾地区。刘海粟带着自己和众多爱国画家捐赠的共计六百多件画作,登上荷兰商船"芝巴德"号,轮船航行了两天，经过香港。刘海粟特意在香港稍作停留，他急切地离船登岸，去寻一位多年不见的故人。刘海粟走进九龙的一条小巷深处，终于找到了蔡元培的寓所。

蔡元培见到刘海粟时十分惊喜，此时他已鬓角全白，营养欠佳，眼角出了很多皱纹，鼻翼左右也现出几点老年斑。蔡元培低沉稍带沙哑的嗓音让刘海粟心中感到一阵刺痛，中国革命史、教育史、文化史上的巨人如今却是老态龙钟，步履迟缓。

蔡元培身上的长袍已经陈旧，可见生活十分清苦。他当时在南京临时政府担任教育总长时，一直强调政府官员要平民化，除了总长、次长，他把其余工作人员统称为部员，不授官职，把他们的月薪一律定为30元。他到北京后，当总长仍是尽义务，不领工资，次长以下的职员，一律60元的月薪，他从始至终没有买过一间房子，总是租房暂住。现在蛰居在香港九龙，这里物价飞涨，他仅靠中央研究院的一点薪水，根本无法生存。后来王云五请他替商务印书馆审看一些文史哲学著作，补助他一点编辑费，才缓解了一些经济压力。

蔡元培似乎察觉到了刘海粟的忧虑，就叫妻子拿出几张孩子的习作来，冲淡一下现场压抑的氛围。他拿着孩子的画作对刘海粟说："海粟！你是画家，能不能花点时间看看我的小儿子英多可有点才气！这孩子已经九岁了。"

刘海粟也直言不讳地说："就怕这种儿童情趣和拙稚美在五六年后会消失，培养小画家很难，童心难以挽留。目前的习作是有可塑性的。"他强努着笑颜说，"老先生胃病没有好，饭前三杯酒的老习惯还保留着么？希望老先生健康，中国很需要您这样的老前辈。"

蔡元培喜欢喝绍兴酒，70岁生日饮酒过量曾大病一场，自此妻子周峻对他更为关切，限制他每顿饭只许喝一杯酒。蔡元培对刘海粟说："不要紧，人到老年不免可怜自己，这点积习难以戒除了。我喝得少，从未醉过。宋庆龄女士也曾劝鲁迅戒过烟，他还是一支接一支地抽。你的好心我谢谢！现在大片国土沦丧，人民流离失所，当权者对救国大业是包而不办，我老了……"

蔡元培的脸上泛出淡淡的红晕，他在饭后为刘海粟的新作《滚马图》题写了"清新俊逸"四个字，这也是蔡元培最后一次为刘海粟题画。"清新俊逸"是诗圣杜甫评价诗人庾信和鲍照的名句，也是蔡元培对刘海粟寄予的厚望，希望他能达到这种境界。

据刘海粟的女儿刘蟾回忆，父亲90岁时与她一起在家吃晚饭，她说："您胃口倒是蛮好的。"刘海粟就回想起最后一次去香港看望蔡元培时的情景："我到香港去看蔡先生的时候，他已经好像是自己年纪大了吃不下，但是看到我，年轻人的胃口很好，吃得很多，他就很高兴。"

蔡元培和第三任妻子周峻相差20多岁，两人一起经历了无数波折，夫妻之间的感情随着岁月流逝反而日益笃深。蔡元培在第二任妻子黄仲玉去世时，悲痛欲绝，直到亡妻离去两年后，他才在好友的劝说下，决定再娶。曾在爱国女学读书的周峻倾慕蔡元培已久，到了1923年，33岁的周峻终于得偿所愿，与54岁的蔡元培结为夫妻。

结婚后的第十天，蔡元培就辞去了国内的工作，带着周峻和子女再次远赴欧洲。周峻随蔡元培到了法国后，没有放弃自己的事业，她一边相夫教子，一边在布鲁塞尔美术学校和巴黎美术专科学校读书深造，学习西洋美术课程。

周峻曾在上海举办的"全国美术展览会"上展出自己的作品，其中还有一幅"蔡元培半身像"的油画。蔡元培为这幅画作诗一首，题为《题养友为写油画》："我相迁流每刹那，随人写照各殊科。惟卿第一能知我，留取心痕永不磨。"

蔡元培和周峻诗画合璧，令人羡慕，两人的唱和之乐，更是蔡元培晚年的一大快事。周峻擅长诗词，夫妻之间，常有唱和之作。蔡元培背门而坐时，妻子周峻就取大衣为他披上，寻常日子里的诸多平凡之事，都透着两人无言的爱。

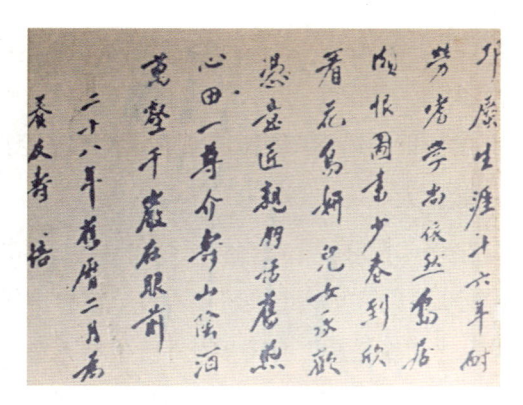

1939年3月7日，蔡元培赋诗庆祝妻子周峻47岁生日

蔡元培在静心养病之时，也有了更多时间来安心阅读和写作。他潜心习读了傅东华译的《比较文学史》、张元济的《校史随笔》、李玄伯译的《希腊罗马古代社会研究》等书，还设法从香港的商务印书馆借书来读，王云五考虑到他视力较差，特意为他找来大字本的书，其中有《王阳明全集》《陆放翁全集》和《游志汇编》等。

这期间，他一直在写从1936年2月14日开始撰述的《自写年谱》，他还在1938年11月7日回复高平叔的信函中提到了这本"自传"的情况："自传因头绪颇繁，不适于旅行中之准备，故照年谱体写之，现已得三万言左右。"

到了1940年2月底，蔡元培身体每况愈下，《自写年谱》只完成了四万余字，他就无奈辍笔了。蔡元培在这本书中从家世、出生一直写到了1921年赴欧美考察，对少年时代、科举考试、供职北京翰林院、回乡从事教育、在上海的活动、留德四年以及他后来旅居法国的生活记述翔实，许多细节生动感人，让读者得以探寻出蔡元培思想和人格的形成过程，但自述中对民国政坛的记述比较简略。

这部没有完成的《自写年谱》也反映出蔡元培最初动笔之时，是极其严谨和认真的，后来他为病患所困扰，逐渐力不从心，这份辍笔的无奈也令人感慨。

3月3日早晨，蔡元培在寓所起床时，胃病突发，他忽觉头晕目眩，摔倒在地，随即口吐鲜血。家人看到他的样子十分惊慌，立刻请来医生为他诊治。医生见蔡元培年事已高，为了预防意外，建议把他送进养和医院，周峻及次女睟盎、幼子怀新、英多均陪伴在侧。蔡元培入院后，脉搏正常，看似已无大碍。到了第二天早晨，蔡元培也未继续吐血，医生诊断如若不再恶化，蔡先生或许就能脱离生命危险。

高平叔在16岁时曾受教于蔡元培，后来协助恩师做了一些研究工作，搜集整理资料，有人曾开玩笑说："你简直是蔡先生晚年亲自指导的一个研究生。"这位"研究生"在这天早上11点赶来医院看望蔡元培，他见先生正在酣睡，就没有打扰，先行离开了。

中午两点时，高平叔突然接到蔡夫人周峻的电话，蔡元培的病情恶化了。高平叔立即赶去医院。蔡元培在大量排血后，精神骤衰，已陷入昏迷。

医生诊断为胃瘤出血，蔡元培的病况已经难以救治，建议进行输血手术。周峻担心输血反应过大，先生年事已高，不能抵抗。除非万不得已，不愿进行输血治疗。然而蔡元培的病势越发严重，气息仅

蔡元培人生中的最后一张照片，摄于香港

存，家人们最终还是决定为他输血。但此时已到深夜，他们找不到可以完成验血和输血的人。

蔡元培的胞侄太冲和内侄周新侍奉在左右，他们自愿为蔡元培输血，随后，两人快速赶往香港大学实验室检验，检验结果为相同血型，两人立刻返回医院完成输血。此时的蔡元培已进入极其危险的状态，经过输血抢救后，他的状态略有好转。

1940年3月5日，医院决定为蔡元培进行二次输血，结果蔡元培病情再次恶化，于9时45分溘然长逝，终年七十四岁。

3月7日，蔡元培的遗体入殓，中国共产党的领袖毛泽东从陕北发来唁电："香港九龙奥士甸道蔡孑民先生家属礼鉴：孑民先生，学界泰斗，人世楷模，遽归道山，震悼曷极，谨电驰唁，尚祈节哀。毛泽东叩。"

美国学者杜威评价蔡元培："以校长身份，而能领导一所大学对一个民族、一个时代，起到转折作用的，除蔡元培外，恐怕找不出第二个。"

3月10日，蔡元培先生的遗体出殡，香港各界约五千人前来送葬，全港学校、商号皆悬半旗志哀。在葬礼上，港绅罗旭苏爵士代表港督致祭，万余人参加了公祭。全国各地及香港、上海的报刊也纷纷发表纪念蔡元培的社评和专文，人们同声赞扬蔡元培的品德和功绩，赞颂他开创了一代学风，在教育界乃至全国各界都影响深远。

同年，蔡元培先生的遗体安葬在了香港仔华人永远坟场，墓碑题"蔡孑民先生之墓"七字。

这位国人的精神领袖，为国家为民族的救亡图存，三次游学海外，学贯中西，以一人之力，拨开学府的迷雾，点燃思想的火种。他以思想自由、兼容并包的理念将北大改革为"囊括大典，网罗众家之学府"。"沧海动风雷,弦诵无妨碍。到如今费多少,桃李栽培。喜此时幸遇先生蔡",这段歌词记录下北大师生对蔡校长执掌北大的感激之情。他首倡美育,以美育代宗教的教学思想影响了无数人的精神信仰。而如今的中国,亦如他所愿,无处不在的美学点缀着新的时代,滋养着无数国人的心。

多年过去,蔡元培的雕像至今屹立在北京大学、中国美术学院、上海音乐学院、南京艺术学院等校园里,他的教育理念、他的救国思想,融入了时代脉搏,陪伴着中国一代代莘莘学子不断成长。

参考书目

◎ 蔡元培:《蔡元培全集》(第1卷—第18卷),浙江教育出版社,1997年。

◎ 蔡元培:《美育人生:蔡元培自传》,江苏文艺出版社,2011年。

◎ 高平叔:《蔡元培年谱长编》(第1卷—第4卷),人民教育出版社,1998年。

◎ 王世儒:《蔡元培日记》(上、下),北京大学出版社,2010年。

◎ 蔡建国:《蔡元培先生纪念集》,中华书局,1984年。

◎ 梁柱:《蔡元培与北京大学》,北京大学出版社,1996年。

◎ 马海平:《南京艺术学院校史研究丛书·图说上海美专》,南京大学出版社,2012年。

◎ 洛秦、钱仁平:《国立音乐院·国立音乐专科学校图鉴》,上海音乐学院出版社,2017年。

◎ 郑朝:《国立艺专往事》,中国美术学院出版社,2013年。

编导手记

纪念，那永不熄灭的精神火炬

本集编导　张建中

刚接触这个选题的时候，我内心是充满激动和责任感的。我觉得自己对蔡元培先生并不陌生，他是中国近现代史上杰出的教育家。

但随着资料收集得越来越多，我挖掘出关于蔡元培先生很多有意思的故事，而且我发现在以往关于蔡元培先生的影视纪录片中，更多的作品都是在表现蔡元培先生之前做过很多利国利民的事，对中国教育事业的发展做出了怎样的贡献，在学术上取得怎样的成就，仅仅是对蔡元培先生的生平以及所做贡献进行描述。而我在此次创作过程中给自己增加了一个限定条件，那就是在体现承继性、创新性和时代性的总要求下，运用"故事化"创作手法进行人物纪录片的创作。

创作理念：从硬性的介绍到软性的讲故事

蔡元培先生究竟是怎样的人？他有什么爱好和习惯？他是如何待人接物的？他的意志品德是如何形成的？他在领导北京大学发展过程中，为什么会大胆重用人才？他与北大不同思想、不同个性的教授们有着怎样的关系？他为什么去世八十多年了，至今还有北大毕业的学子们在祭奠他？他为什么会成为"北京大学永远的校长"？我们能不能以具体的故事来回答以上的问题，利用情节、人物、环境的描写来构成故事的三要素。这可能会增加创作难度，但用真实的故事来讲述人物，或许就是纪录片的魅力所在。

在拍摄过程中，不断挖掘故事化情节来展现人物特征，比如，摄制组到浙江绍兴拍摄孑民图书馆开馆仪式、绍兴一中（原中西学堂，蔡元培担任校长）、蔡元培故居时，在故居中了解到影响蔡元培先生一生的生活习惯：早起学习或工作。挖掘蔡元培和母亲的故事：蔡元培在家读书学习的时候，每每遇到难题不得解，母亲便劝蔡元培早休息早起床，蔡元培听从后，一早起床，精力充沛，果然把难题解决了，此后，蔡元培便养成这种学习和工作习惯。

创作风格：每个故事都要有"亲历者"或"见证者"讲述

在拍摄过程中，我们致力于呈现蔡元培先生生平事迹的真实性、全面性和深入性。我们进行了大量的资料搜集和研究工作，走访了蔡元培先生的故乡、学校、研究机构以及相关专家学者，以第一视角的讲述，来确保我们对他的生平轨迹和思想成就有准确而深刻的理解。

2023年2月，摄制组来到北京大学教育学院陈洪捷教授办公室，陈洪捷教授事先约好了蔡元培先生的孙女蔡磊砢教授和北大图书馆、校史馆馆长马建钧教授一起接受我们的采访。在这次采访中，我们进行了充分的沟通交流，确定了《蔡元培》一片的创作方向和创作风格。

4月19日，我们前往杭州，拍摄了中国美术学院，这是蔡元培在体现他一贯坚持的美育救国思想指导下创办的中国第一所高等美术学院，时称"国立艺术院"，其间采访了学院高世名院长、宣传部余旭鸿部长。

4月底，前往上海，拍摄上海蔡元培故居、上海音乐学院，这是蔡元培先生创办的中国第一所音乐院校，时称"国立音乐院"，蔡元培先生担任国立音乐院第一任院长。

5月份赶赴香港拍摄蔡元培墓地，采访了香港中文大学前校长金耀基先生，对于蔡元培先生晚年在香港的生活状况有了认识和了解。

6月5日赴南京拍摄南京艺术学院（原上海美术专科学校），采访了南京艺术学院两位退休的老院长冯建亲先生、刘伟冬先生，挖掘出蔡元培与中国新美术运动奠基人之一、中国杰出的绘画艺术大师刘海粟之间感人至深的故事。

6月7日赴杭州拍摄中国美术学院2023毕业季，深刻体会到蔡元培先生所倡导的美育带来的成果，已经深深地融入这座历史名城的血脉中。

亲历者是历史的见证者，他们的口述承载着历史事件的真实经历和细节，有助于我们还原历史的真相。同时，亲历者也是历史的参与者，他们的个人经历和情感观察从独特的角度展现了历史事件的多维面貌，使我们能够更深入的思考。

图书在版编目（CIP）数据

蔡元培 / 陈宏，曾丹，袁嫒编著 . -- 北京：外文出版社，2025. 4. --（百年巨匠）. -- ISBN 978-7-119-14056-8

Ⅰ . K825.46

中国国家版本馆 CIP 数据核字第 2024XH6648 号

总　策　划：胡开敏　杨京岛
统　　　筹：蔡莉莉
责任编辑：李　黎
封面设计：北京夙焉图文设计工作室　子　旃
正文制版：魏　丹
印刷监制：章云天

百年巨匠·蔡元培

陈宏　曾丹　袁嫒　编著

©2025 外文出版社有限责任公司
出　版　人：胡开敏
出版发行：外文出版社有限责任公司
地　　　址：北京市西城区百万庄大街 24 号　　邮政编码：100037
网　　　址：http://www.flp.com.cn　　电子邮箱：flp@cipg.org.cn
电　　　话：008610-68320579（总编室）　　008610-68996167（编辑部）
　　　　　　008610-68995852（发行部）　　008610-68996185（投稿电话）
印　　　刷：鸿博昊天科技有限公司
经　　　销：新华书店 / 外文书店
开　　　本：710mm×1000mm　1/16
装　　　别：平装
字　　　数：200 千
印　　　张：16.75
版　　　次：2025 年 4 月第 1 版第 1 次印刷
书　　　号：ISBN 978-7-119-14056-8
定　　　价：58.00 元

版权所有　侵权必究　如有印装问题本社负责调换（电话：68996172）